SHEMOT / ÉXODO

Libro de Actividades

Shemot | Éxodo - Libro de Actividades con Porciones de la Torá

Todos los derechos reservados. Al comprar este Libro de actividades, el comprador puede copiar las hojas de actividades solo para uso personal y en el aula, pero no para reventa comercial. Con la excepción de lo anterior, este Libro de actividades no puede reproducirse total o parcialmente de ninguna manera sin el permiso por escrito del editor.

Bible Pathway Adventures® es una marca registrada de BPA Publishing Ltd.
Defenders of the Faith® es una marca registrada de BPA Publishing Ltd.

ISBN: 978-1-98-858584-0

Autora: Pip Reid
Director Creativo: Curtis Reid
Editor: Samia Egan

Para obtener recursos bíblicos gratuitos y Paquetes para Maestros, incluyendo páginas para colorear, hojas de trabajo, exámenes y más, visite nuestro sitio web en:

shop.biblepathwayadventures.com

◇ INTRODUCCIÓN ◇

Sus estudiantes AMARÁN aprender acerca de la Torá con nuestro Libro de Actividades con Porciones de la Torá Shemot / Éxodo. Hemos empaquetado cada porción de la Torá con cuestionarios Bíblicos, hojas de trabajo, búsqueda de palabras, y preguntas para ayudar a los educadores, así como tú, a enseñar a los niños la fe Bíblica de una manera divertida y atractiva. Es el recurso perfecto para su Shabat o clase de Escuela Dominical y para los educadores en el hogar. Incluye referencias a las escrituras para facilitar la búsqueda, ademas de una clave de respuestas práctica para los educadores.

Bible Pathway Adventures asiste a maestros y padres de familia a enseñar a los niños acerca de la Fe Bíblica de una manera creativa y divertida. Esto es posible mediante nuestros libros de cuentos ilustrados, paquetes para maestros, libros de actividades, y actividades imprimibles. Todo está disponible para ser descargado en nuestro sitio web www.biblepathwayadventures.com

Gracias por comprar este Libro de Actividades y apoyar nuestro ministerio. Cada libro comprado nos ayuda a continuar con nuestro trabajo proporcionando recursos y enseñanzas gratis de discipulado a familias y misiones en todas partes.

¡La búsqueda de la Verdad es más divertida que la Tradición!

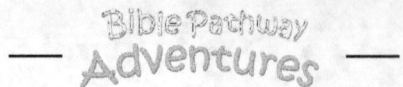

◆◇ TABLA DE CONTENIDOS ◇◆

Introducción 3
El alfabeto Hebreo 7

Shemot
Shemot, Cuestionario de Lectura de la Torá 10
Shemot, Cuestionario de Lectura de los Profetas 11
Shemot, Cuestionario de Lectura de los Apóstoles 12
Shemot, Sopa de Letras 13
Shemot, Hoja de Trabajo 14
Shemot, Página para Colorear 15
Aprendamos Hebreo: Shemot 16
Shemot: Reflexionemos 17

Va'eira
Va'eira, Cuestionario de Lectura de la Torá 18
Va'eira, Cuestionario de Lectura de los Profetas 19
Va'eira, Cuestionario de Lectura de los Apóstoles 20
Va'eira, Sopa de Letras 21
Va'eira, Hoja de Trabajo 22
Va'eira, Página para Colorear 23
Aprendamos Hebreo: Va'eira 24
Va'eira: Reflexionemos 25

Bo
Bo, Cuestionario de Lectura de la Torá 26
Bo, Cuestionario de Lectura de los Profetas 27
Bo, Cuestionario de Lectura de los Apóstoles 28
Bo, Sopa de Letras 29
Bo, Hoja de Trabajo 30
Bo, Página para Colorear 31
Aprendamos Hebreo: Bo 32
Bo: Reflexionemos 33

Beshalaj
Beshalaj, Cuestionario de Lectura de la Torá 34
Beshalaj, Cuestionario de Lectura de los Profetas 35
Beshalaj, Cuestionario de Lectura de los Apóstoles 36
Beshalaj, Sopa de Letras 37
Beshalaj, Hoja de Trabajo 38
Beshalaj, Página para Colorear 39
Aprendamos Hebreo: Beshalaj 40
Beshalaj: Reflexionemos 41

Yitro
Yitro, Cuestionario de Lectura de la Torá 42
Yitro, Cuestionario de Lectura de los Profetas 43
Yitro, Cuestionario de Lectura de los Apóstoles 44
Yitro, Sopa de Letras 45
Yitro, Hoja de Trabajo 46
Yitro, Página para Colorear 47
Aprendamos Hebreo: Yitro 48
Yitro: Reflexionemos 49

Mishpatim
Mishpatim, Cuestionario de Lectura de la Torá 50
Mishpatim, Cuestionario de Lectura de los Profetas 51
Mishpatim, Cuestionario de Lectura de los Apóstoles 52
Mishpatim, Sopa de Letras 53
Mishpatim, Hoja de Trabajo 54
Mishpatim, Página para Colorear 55
Aprendamos Hebreo: Mishpatim 56
Mishpatim: Reflexionemos 57

Terumah
Terumah, Cuestionario de Lectura de la Torá 58
Terumah, Cuestionario de Lectura de los Profetas 59
Terumah, Cuestionario de Lectura de los Apóstoles 60
Terumah, Sopa de Letras 61
Terumah, Hoja de Trabajo 62
Terumah, Página para Colorear 63
Aprendamos Hebreo: Terumah 64
Terumah: Reflexionemos 65

Tetzaveh
Tetzaveh, Cuestionario de Lectura de la Torá 66
Tetzaveh, Cuestionario de Lectura de los Profetas 67
Tetzaveh, Cuestionario de Lectura de los Apóstoles 68
Tetzaveh, Sopa de Letras 69
Tetzaveh, Hoja de Trabajo 70
Tetzaveh, Página para Colorear 71
Aprendamos Hebreo: Tetzaveh 72
Tetzaveh: Reflexionemos 73

Ki Tisa
Ki Tisa, Cuestionario de Lectura de la Torá 74
Ki Tisa, Cuestionario de Lectura de los Profetas 75
Ki Tisa, Cuestionario de Lectura de los Apóstoles 76
Ki Tisa, Sopa de Letras 77
Ki Tisa, Hoja de Trabajo 78
Ki Tisa, Página para Colorear 79
Aprendamos Hebreo: Ki Tisa 80
Ki Tisa: Reflexionemos 81

Vayajel
Vayajel, Cuestionario de Lectura de la Torá 82
Vayajel, Cuestionario de Lectura de los Profetas 83
Vayajel, Cuestionario de Lectura de los Apóstoles 84
Vayajel, Sopa de Letras 85
Vayajel, Hoja de Trabajo 86
Vayajel, Página para Colorear 87
Aprendamos Hebreo: Vayajel 88
Vayajel: Reflexionemos 89

Pekudei
Pekudei, Cuestionario de Lectura de la Torá 90
Pekudei, Cuestionario de Lectura de los Profetas 91
Pekudei, Cuestionario de Lectura de los Apóstoles 92
Pekudei, Sopa de Letras 93
Pekudei, Hoja de Trabajo 94
Pekudei, Página para Colorear 95
Aprendamos Hebreo: Pekudei 96
Pekudei: Reflexionemos 97

Guía de Respuestas 98

¡Descubre más Libros de Actividades! 103

APRENDAMOS HEBREO

El alfabeto Hebreo tiene 22 letras.
Utiliza esta tabla para guiarte mientras aprendes la palabra Hebrea para cada Porción de la Torá.

Alef	Bet	Guímel	Dálet	Hei
א	ב	ג	ד	ה
Vav	**Zayn**	**Jet**	**Tet**	**Yod**
ו	ז	ח	ט	י
Kaf	**Lamed**	**Mem**	**Nun**	**Sámej**
כ	ל	מ	נ	ס
Ayin	**Pei**	**Tzadi**	**Kof**	**Resh**
ע	פ	צ	ק	ר
Shin	**Tav**			
ש	ת			

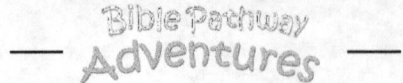

ESCRIBAMOS!

Practica escribiendo estas letras Hebras en las líneas de abajo.
Recuerda que el Hebreo se escribe de DERECHA a IZQUIERDA.

אבגדהוזחטיכ

ESCRIBAMOS!

Practica escribiendo estas letras Hebras en las líneas de abajo.
Recuerda que el Hebreo se escribe de DERECHA a IZQUIERDA.

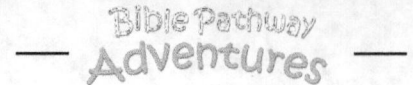

SHEMOT, LECTURA DE LA TORÁ

Lee el Éxodo 1:1-6:1.
Responde las siguientes preguntas.

1. ¿Por qué el Faraón hizo que los Israelitas trabajaran como esclavos? ....

2. ¿Qué instrucciones les dio el Faraón a las parteras hebreas? ....

3. ¿De cuál tribu de Israel era Moisés? ....

4. ¿A qué tierra huyó Moisés? ....

5. ¿Quién se convirtió en la esposa de Moisés? ....

6. ¿Cómo se le apareció el Ángel de Dios (Yeshua) a Moisés? ....

7. ¿Qué instrucciones le dio el Ángel de Dios a Moisés? ....

8. ¿Qué pasó cuando Moisés puso su mano dentro de su capa? ....

9. ¿Con quién regresó Moisés a Egipto en Éxodo 4:29? ....

10. ¿Cómo reaccionó el Faraón cuando Moisés le pidió liberar a los Israelitas? ....

SHEMOT, LECTURA DE LOS PROFETAS

Lee Isaías 27:6–28:13 y 29:22-23.
Responde las siguientes preguntas.

1. "Israel echará renuevos y florecerá y llenará el _____ con frutos". ....

2. "Él hará todas las piedras del _____ como caliza desmenuzada..." ....

3. "Los postes sagrados y las _____ ya no están en pie..." (Isa 27:9) ....

4. ¿Dónde batirá Yah el grano? ....

5. ¿Cómo se reunirán los Israelitas? (Isa 27:12) ....

6. ¿Qué pasará el día que los Israelitas se reúnan? ....

7. ¿Dónde irán los Israelitas a adorar? ....

8. ¿Cómo le hablará Yah a Su gente? (Isa 28:11) ....

9. ¿De qué manera llega la Palabra de Elohim a la gente? (Isa 28:10) ....

10. ¿A quién redimió Yah en Isaías 29:22? ....

SHEMOT, LECTURA DE LOS APÓSTOLES

Lee Hebreos 11:23-27, Hechos 7:17-35 y Lucas 20:37.
Responde las siguientes preguntas.

1. ¿Cómo llamó Moisés a Yah? (Lucas 20:37) ....

2. ¿Los padres de Moisés lo ocultaron por cuántos meses? ....

3. ¿A qué se rehusó Moisés a ser llamado en Hebreos 11:24? ....

4. Por fe, Moisés se fue de _____, sin temor a la ira del rey. (Heb 11:27) ....

5. ¿Qué era Moisés a los ojos de Yah? (Hechos 7:20) ....

6. ¿Qué aprendió Moisés mientras crecía en el palacio del Faraón? ....

7. ¿Qué edad tenía Moisés cuando huyó de la tierra de Egipto? ....

8. ¿Dónde se le apareció el Ángel de Dios a Moisés? ....

9. ¿Qué le dijo el ángel a Moisés? (Hechos 7:32) ....

10. ¿A cuál tierra Yah envió a Moisés? (Hechos 7:34) ....

SHEMOT

Lee Éxodo 1:1-6:1.
Encuentra y haz un círculo en cada una de las palabras de la siguiente lista.

```
K B V V F W L Z V Q L I S I N A I A R T
F U O N T A N T O Q E J E T R O W G E B
Z A Y D B H R F H U V I I J T K O A S W
L A U N W X X A B Q I Y E X L J E D C F
A F R K D B D J Ó R P L E B G T S J L M
A L M Z V P A B X N M R K U X M J A A D
R D P F A M H P J G C L S E H E B M V M
O I V F D A Z M X M N I L O E Z V N O M
N H L C Z H R R S T B M O H U W E U S N
J V W Y C P O D S K O F O S M D R J O L
E Z S P H H N C I G E L H Y E N L A I C
O B M Z E A V T R E G Y R U I P L Q I G
M D W A B G O D C V N V J F C Y L O G Y
D K G E D F I R A Y Z T P A J A D M O T
M F F L Y I N P X T B F E E W X M N I I
H K O K Y M A B T H A M O Q L U V F J B
Z F X B Z P N N R O R N Q U P H Y H J S
W S L H F M E Q G Q L A D R I L L O S B
Y A H W E H M O I S É S N M S K G U I R
I I S R A E L I T A S A L S E F O R A B
```

SEFORA	**LADRILLOS**	**ISRAELITAS**	**PAJA**
NILO	**FARAÓN**	**MADIAN**	**JETRO**
EGIPTO	**ZARZA ARDIENTE**	**LEVI**	**MOISÉS**
ESCLAVOS	**YAHWEH**	**SINAI**	**AARON**

Shemot

Dibuja tu escena favorita de esta Porción de la Torá. ¡Usa tu imaginación!

Esta porción de la Torá me enseña...

Crea un mapa para ayudar a Moisés a encontrar su camino hacia Madián.

Imagina que eres un esclavo Israelita. Describe cómo fabricarías un ladrillo de paja.

LOS ISRAELITAS SON ESCLAVOS

Abre tu Biblia y lee Éxodo 1:1-22.
Responde las preguntas. Colorea la imagen.

1. ¿Por qué el Faraón estaba preocupado por los Israelitas? (versículo 10)

....
....
....
....

2. ¿Qué obligaron los Egipcios a hacer a los Israelitas? (versículo 11)

....
....
....
....

3. ¿Qué instrucciones les dio el Faraón a las parteras? (versículo 16)

....
....
....
....

SHEMOT

"Estos son los nombres de los hijos de Israel que entraron en Egipto con Jacob; cada uno entró con su familia: Rubén, Simeón, Leví, Judá, Isacar, Zabulón, Benjamín, Dan, Neftalí, Gad y Aser."

Éxodo 1:1-4

Shemot

"Nombres"

שְׁמוֹת

Traza la palabra Hebrea aquí:

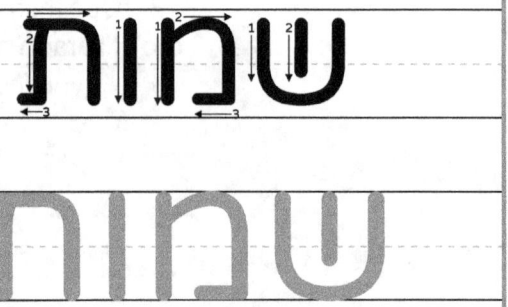

Escribe la palabra Hebrea aquí:

REFLEXIONEMOS: SHEMOT

Abre tu Biblia y lee los versículos mencionados a continuación.
Reflexiona estas preguntas con tu familia, amigos y compañeros de clase.

1. Lee Éxodo 2:1-4:17 y Hechos 7:23. ¿Por qué crees que Moisés tuvo que pasar 40 años en el desierto cuidado las ovejas? ¿Qué lecciones necesitaba enseñarle Yah a Moisés?

2. Lee Éxodo 3:1-12 y Gálatas 4:25. Yah le ordenó a Moisés regresar al Monte Sinaí en la tierra de Madián para servirle. Investiga. ¿Dónde estaba la tierra de Madián? ¿En qué país actual puedes encontrar el Monte Sinaí?

3. Lee Éxodo 1:1-2:25. Una metáfora es una palabra o frase que significa algo más. Entender las metáforas nos ayuda a entender la Biblia. ¿Qué metáforas crees que simbolizan Egipto, Faraón y Moisés?

4. Lee Éxodo 6:1. Yah prometió liberar a los Israelitas de la esclavitud en Egipto. ¿Crees que Yah siempre mantiene Sus promesas? ¿En qué otra parte de las escrituras puedes encontrar ejemplos de promesas que Él hace y mantiene? ¿Y en tu vida?

5. Lee Hebreos 11:23-27. Por fe, Moisés tomó varias decisiones importantes. ¿Y tú? ¿Has tomado alguna decisión que requiera fe en tu Creador?

VA'EIRA, LECTURA DE LA TORÁ

Lee Éxodo 6:2-9:35.
Responde las siguientes preguntas.

1. ¿Con quién Yah estableció Su Pacto? ....

2. ¿Qué prometió Yah hacer por los Israelitas? ....

3. ¿Quién fue el primogénito de Israel? ....

4. ¿Qué pasó cuando Aarón lanzó su vara al suelo frente al Faraón? ....

5. ¿Cuál fue la primera plaga? ....

6. ¿Cuál plaga los magos Egipcios no pudieron copiar? ....

7. ¿Cuál fue la cuarta plaga? ....

8. ¿El ganado de quién murió en la quinta plaga? ....

9. ¿Cuál fue la séptima plaga? ....

10. ¿En qué parte de la tierra de Egipto no cayó granizo? ....

VA'EIRA, LECTURA DE LOS PROFETAS

Lee Ezequiel 28:25–29:21.
Responde las siguientes preguntas.

1. ¿Desde dónde Yah reunirá la Casa de Israel? ....

2. ¿Sobre quién Yah ejecutará Su juicio? ....

3. ¿Acerca de quién fue la profecía dada? ....

4. ¿Con qué animal Yah compara al Faraón? ....

5. ¿Qué río corre a través de la tierra de Egipto? ....

6. ¿Por cuántos años las ciudades de Egipto quedarán devastadas? ....

7. ¿Dónde Yah dispersará a los Egipcios? ....

8. ¿Qué pasará con los Egipcios después de cuarenta años? ....

9. ¿En qué fecha Ezequiel recibió otra palabra de Yah acerca de Egipto? ....

10. ¿A cuál rey le dará Yah la tierra de Egipto? ....

VA'EIRA, LECTURA DE LOS APÓSTOLES

Lee Romanos 9:14–17, Hechos 7:7,17–35 y Corintios 3:11–15.
Responde las siguientes preguntas.

1. ¿Qué le dijo Yah a Moisés? (Romanos 9:15) ....

2. ¿Por qué Yah levantó al Faraón? ....

3. ¿Qué les pasó a los Israelitas a medida que el momento de la promesa se acercaba? (Hechos 7:17) ....

4. ¿Quién era agradable a los ojos de Yah? ....

5. ¿Quién adoptó a Moisés como su propio hijo? ....

6. ¿A qué tierra huyó Moisés? ....

7. ¿Después de cuántos años se le apareció un ángel a Moisés? ....

8. ¿Por qué Yah le pidió a Moisés que se quitara sus zapatos? ....

9. ¿A qué tierra dijo Yah que enviaba a Moisés? ....

10. ¿Quién es nuestro fundamento? (1 Cor 3:11) ....

VA'EIRA

Lee Éxodo 6:2-9:35.
Encuentra y haz un círculo en cada una
de las palabras de la siguiente lista.

```
D Y P F Q X G S F G U C X S E K G P K E
M X C G C I S X E I L Z H C A Z Q C P E
Ú M K D O K G L L R S U R W A N U N U K
U L T P O B N M B J P W V P G A G D O T
X E C L Y S W H D K P I C L J P R R W C
P H F E M G S X M J E N E K U M H Ó E S
Q N H W R U S G O W V G Y N X A L I N T
G M T U V A R P S F J U S W T J Y F X R
U O A Z T M S V Q U M G J X O E R S Z U
K W S S S R Q J U O C J M O S C A S M E
E T F É B K B H I E K T E A F Q O V U N
A P V E N W I Y T R G G I G Q P M Y X O
S V L N T Z H X O N U A M U L F A J V U
J A A A Y I M K S M F N Q B J V M H N F
C Z W C G G Q Q N H C A R A N A S K U A
Y X V H I A O T Q J F D B O Y N G I U R
G C E Z M T S H B J P O Q H E Q I C U A
R E D Q Y H Y F I E G I P T O H G L C Ó
B G R A N I Z O A N W R Z U M S A J O N
C B M A G O S S P E T N X W P H G E K O
```

GRANIZO	EGIPTO	GOSÉN	GANADO
MAGOS	SANGRE	FARAÓN	MOSCAS
SERPIENTE	PLAGAS	ÚLCERAS	TRUENO
MOSQUITOS	NILO	AARÓN	RANAS

Va'eira

Dibuja una imagen que muestra la plaga de feroz granizo.

Imagina que eres un mago Egipcio. ¿Qué le dirías al Faraón al no ser capaz de copiar la plaga de piojos?

Esta porción de la Torá me enseña...

Diseña una vara para Aarón que se convierte en serpiente. ¡Usa tu imaginación!

PLAGA DE RANAS

Abre tu Biblia y lee Éxodo 8:1-15.
Responde las preguntas. Colorea la imagen.

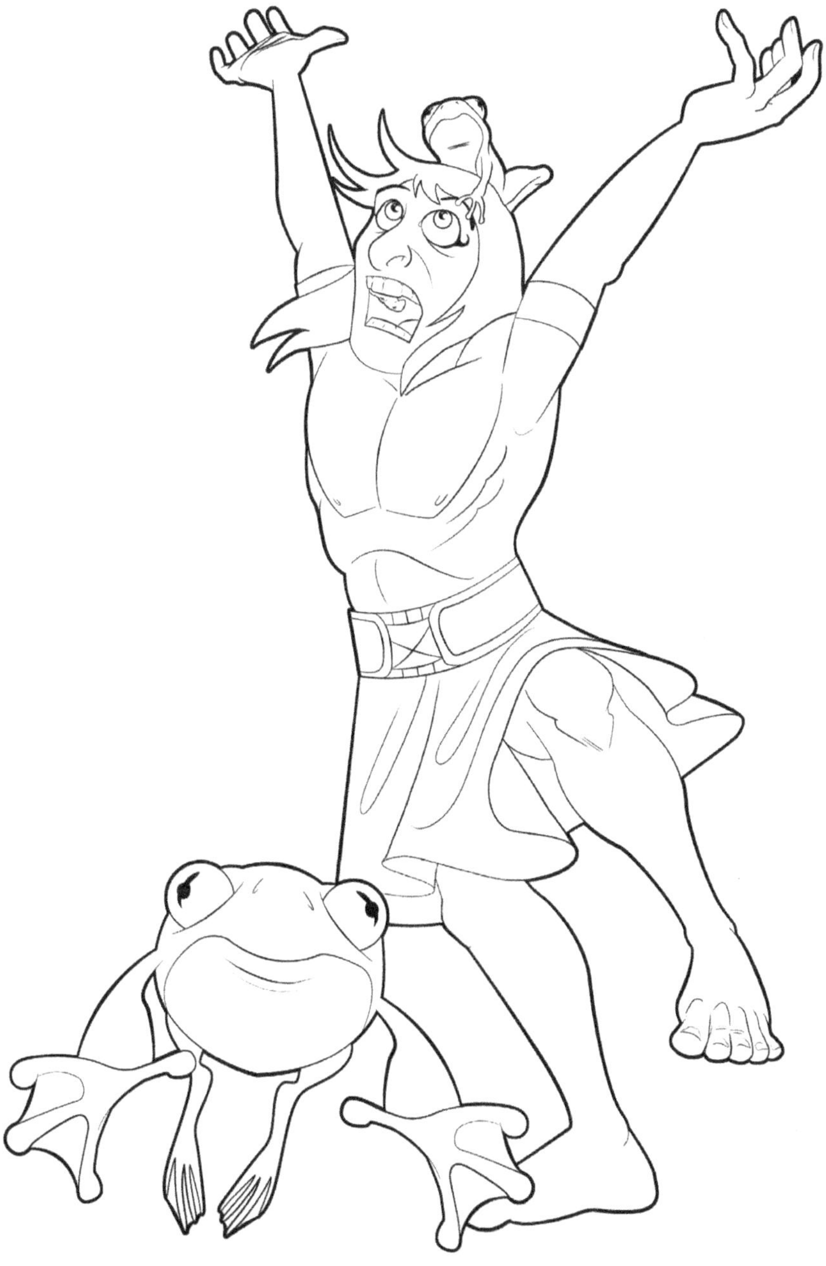

1. ¿Qué pasó cuando Aarón estiró su mano sobre las aguas de Egipto? (versículo 6)

....
....
....
....

2. ¿Quién copió esta plaga? (versículo 7)

....
....
....
....

3. ¿Qué hizo el Faraón cuando vio que todas las ranas habían muerto? (versículo 15)

....
....
....
....

VA'EIRA

"Habló todavía Yah a Moisés, y le dijo: Yo soy Yahweh. Y aparecí a Abraham, a Isaac y a Jacob como Dios Omnipotente, mas en mi nombre Yahweh no me di a conocer a ellos. También establecí mi pacto con ellos, de darles la tierra de Canaán, la tierra en que fueron forasteros, y en la cual habitaron."

Éxodo 6:2-4

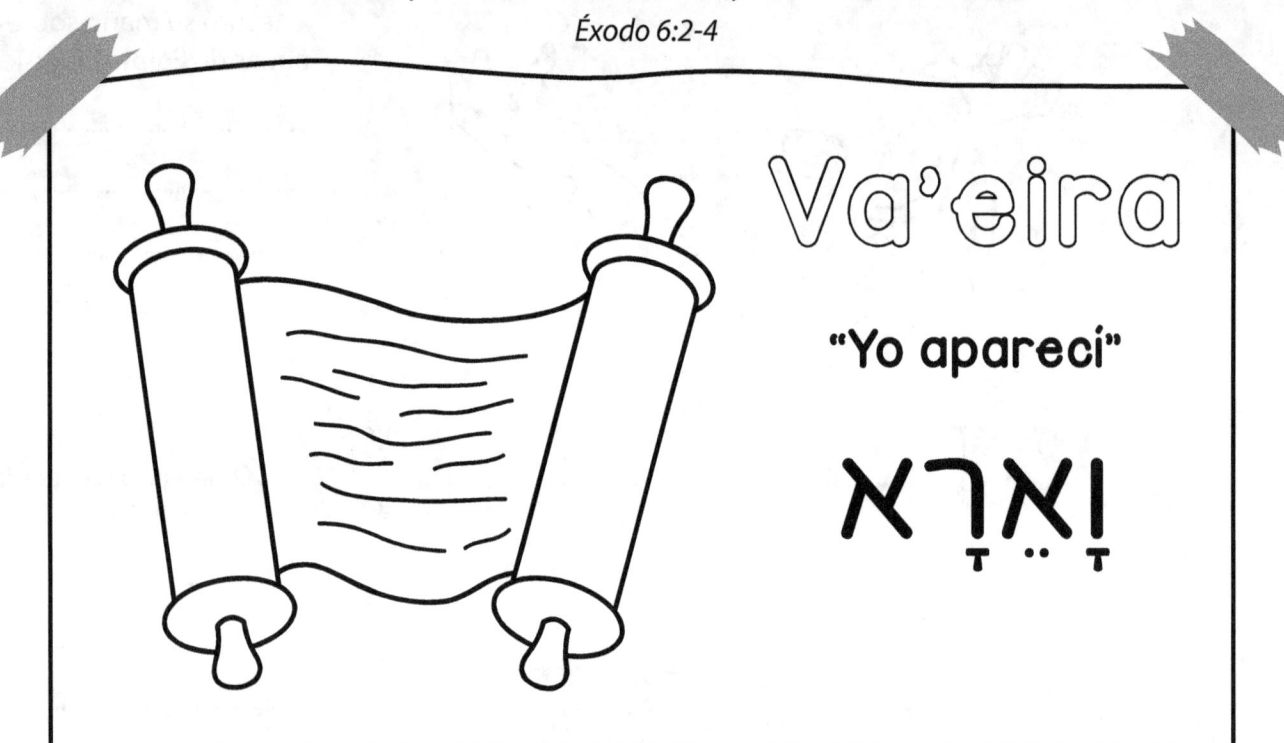

Va'eira

"Yo aparecí"

וָאֵרָא

Traza la palabra Hebrea aquí:	Escribe la palabra Hebrea aquí:
וָאֵרָא	

REFLEXIONEMOS: VA'EIRA

Abre tu Biblia y lee los versículos mencionados a continuación.
Reflexiona estas preguntas con tu familia, amigos y compañeros de clase.

1. Lee Éxodo 6:2-9:35 y Romanos 9:17-18. Yah endureció el corazón del Faraón tras cada plaga. ¿Por qué crees que Yah hizo esto?

2. Lee Éxodo 6:9-13. ¿Por qué los Israelitas no escucharon a Moisés? ¿Cómo Yah alentó a Moisés y Aarón?

3. Lee Éxodo 6:2-9:35. ¿Cuáles son algunas similitudes entre Yeshua y Moisés?

4. Lee Éxodo 6:2-7:13 y Hebreos 11:25. ¿Cómo describirías el carácter de Moisés?

5. Lee Hebreos 11:23-27. ¿Por qué Moisés eligió obedecer a Yah en vez de quedarse en Egipto?

6. Lee Hebreos 11:23-27. ¿Moisés eligió seguir la palabra de Yah? Y tú, ¿quién tiene la mayor influencia en tu vida?

BO, LECTURA DE LA TORÁ

Lee Éxodo 10:1-13:16.
Responde las siguientes preguntas.

1. ¿Qué tipo de viento trajeron las langostas? ....

2. ¿Qué se comieron las langostas? ....

3. ¿Cuál fue la novena plaga? ....

4. ¿Por qué el Faraón no quiso escuchar a Moisés? ....

5. ¿En qué mes hebreo es la Pascua? ....

6. ¿Por cuánto tiempo Yah les pidió a los Israelitas que honraran la Pascua? ....

7. ¿Qué tipo de pan se come durante la Fiesta de los Panes sin Levadura? ....

8. ¿Cuál fue la novena plaga? ....

9. ¿Qué les dieron los Egipcios a los Israelitas cuando se fueron de Egipto? ....

10. ¿Cuántos Israelitas dejaron Egipto al final de la plaga? ....

BO, LECTURA DE LOS PROFETAS

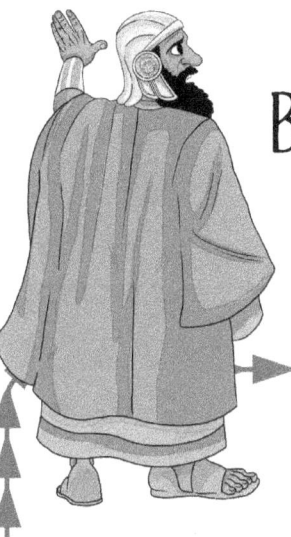

Lee Jeremías 46:13-28.
Responde las siguientes preguntas.

1. ¿Quién fue Jeremías? ....

2. ¿Quién era el rey de Babilonia? ....

3. ¿Quién era el rey de Egipto? ....

4. ¿Quiénes deben prepararse para el exilio? ....

5. ¿Qué ciudad se volverá inservible? ....

6. ¿Con qué animales son comparados los soldados contratados de Egipto? ....

7. ¿Con qué animal es comparado Egipto? ....

8. ¿Quién vencerá a los Egipcios? ....

9. ¿A quién salvará Yah de la tierra de su cautiverio? ....

10. "No temas, ____ mi siervo, dice Yah, porque yo estoy contigo". ....

BO, LECTURA DE LOS APÓSTOLES

Lee Juan 19:1-37, Hechos 13:16-17, y 2 Corintios 6:14-7:1.
Responde las siguientes preguntas.

1. ¿Quién sentenció a Yeshua a morir crucificado? ....

2. ¿Dónde fue crucificado Yeshua? ....

3. ¿Cuáles fueron las tres mujeres que estaban al pie de la cruz de Yeshua? ....

4. ¿Qué estaba escrito en el letrero sobre la cabeza de Yeshua? ....

5. ¿Qué hicieron los soldados con las prendas de Yeshua? ....

6. ¿En qué día fue crucificado Yeshua? ....

7. ¿Qué tipo de rama usaron los soldados para darle a Yeshua vino agrio? ....

8. ¿Con qué fue que un soldado traspasó el costado de Yeshua? ....

9. ¿Quién guio a los Israelitas fuera de Egipto? (Hechos 13:17) ....

10. "Porque nosotros somos el ____ del Dios vivo". (2 Cor 6:16) ....

BO

Lee Éxodo 10:1-13:16.
Encuentra y haz un círculo en cada una
de las palabras de la siguiente lista.

PRIMOGENITO   **SANGRE**   **DINTEL**   **SIN LEVADURA**
PASCUA   **EGIPTO**   **CORDERO**   **HIERBAS AMARGAS**
VIENTO   **LANGOSTAS**   **MULTITUD**   **HISOPO**
GOSEN   **OBSCURIDAD**   **JOYERÍA**   **YESHUA**

Bo

Dibuja una imagen que relate la historia de la crucifixión de Yeshua.

¿Qué comes en la comida de Pascua? Dibuja tu propia Pascua.

Esta porción de la Torá me enseña...

Imagina que eres un Egipcio. ¿Qué les dirías a los Israelitas mientras dejan Egipto?

PREPARACIÓN PARA LA PASCUA

BO

"Yah dijo a Moisés: Entra a la presencia de Faraón; porque yo he endurecido su corazón, y el corazón de sus siervos, para mostrar entre ellos estas mis señales."

Éxodo 10:1

Bo

"Váyanse"

בֹּא

Traza la palabra Hebrea aquí:

Escribe la palabra Hebrea aquí:

REFLEXIONEMOS: BO

Abre tu Biblia y lee los versículos mencionados a continuación.
Reflexiona estas preguntas con tu familia, amigos y compañeros de clase.

1. Lee Éxodo 10:1-11:10 y Romanos 9:17. ¿Por qué crees que Yah endureció el corazón del Faraón?

2. Lee Éxodo 12:1-28. ¿Cómo honraron los Israelitas la primera Pascua en Egipto?

3. Lee Éxodo 12:17. Yah le pidió a Su gente honrar la comida de Pascua y la Fiesta del Pan sin Levadura para siempre. ¿Cómo honras estos Tiempos Designados?

4. Lee Éxodo 12:1-13:16 y Levítico 23. Las Fiestas de la Primavera (Tiempos Designados) fueron cumplidas por Yeshua hace 2000 años. ¿Cuál es tu mo'edim favorita? ¿Por qué?

5. Lee Éxodo 12:1-13:16 y Juan 19:1-37. ¿Cómo apuntan a Yeshua la Pascua y la Fiesta de Pan sin Levadura?

BESHALAJ, LECTURA DE LA TORÁ

Lee Éxodo 13:17-17:16.
Responde las siguientes preguntas.

1. Después de dejar Gosén, ¿hacia qué mar fueron los Israelitas? ....

2. ¿Los huesos de quién se llevaron los Israelitas con ellos? ....

3. ¿Cómo fue que Yah dirigió a los Israelitas a través del desierto? ....

4. ¿Cuál ejercitó persiguió a los Israelitas? ....

5. ¿Cómo separó Yah las aguas del mar Rojo? ....

6. ¿Cómo fue que Yah detuvo a los egipcios que perseguían a los Israelitas? ....

7. ¿A qué desierto fueron los Israelitas después de cruzar el mar? ....

8. ¿Cómo alimentó Yah a los Israelitas? ....

9. ¿Cómo Yah les dio agua a los Israelitas en Refidim? ....

10. ¿Quién dirigió a los Israelitas en la batalla con los Amalecitas? ....

BESHALAJ, LECTURA DE LOS PROFETAS

Lee Jueces 4:4-5:31.
Responde las siguientes preguntas.

1. ¿Quién era el esposo de Débora? ....

2. ¿Cuáles eran los dos roles de Débora? ....

3. ¿Dónde se sentó Débora para dar sentencias? ....

4. ¿A quién le dijo Débora que guiara a los Israelitas en una batalla contra los Cananeos? ....

5. ¿Quién era el rey de Canaán? ....

6. ¿Qué le dijo Barac a Débora en Jueces 4:8? ....

7. ¿Cuántos hombres fueron a la batalla contra los Cananeos? ....

8. ¿En qué lugar Barac atacó a los Cananeos? ....

9. ¿En la tienda de quién se escondió Sísara? ....

10. ¿Por cuánto tiempo reposó la tierra en Jueces 5:31? ....

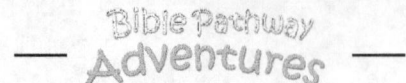

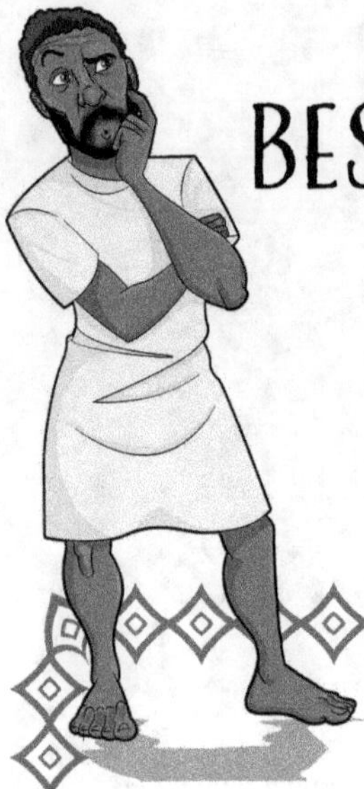

BESHALAJ, LECTURA DE LOS APÓSTOLES

Lee Romanos 9:15-23, 1 Corintios 10:1-13
y Apocalipsis 15:1-4.
Responde las siguientes preguntas.

1. ¿Qué le dijo Yah a Moisés? (Rom 9:15)

2. ¿Por qué Yah levantó al Faraón? (Rom 9:17)

3. ¿Quién era la roca spiritual que siguió a los Israelitas en 1 Cor 10:4?

4. ¿Qué pasó con los Israelitas con los que Yah no estaba complacido?

5. "No sean ____ como lo fueron algunos de ellos..." (1 Cor 10:7)

6. ¿Cuántos Israelitas murieron en un solo día en el desierto? (1 Cor 10:8)

7. ¿A quién no debemos probar?

8. Yah es ____. (1 Cor 10:13)

9. ¿Cuántos ángeles y plagas se ven en el Cielo? (Apo 15:1)

10. ¿Qué tipo de mar es mencionado en Apocalipsis 15:2?

BESHALAJ

Lee Éxodo 13:17-17:16.
Encuentra y haz un círculo en cada
una de las palabras de la siguiente lista.

```
E E S F R J G X N T A G U A N N Z D S G
O G H L B O Z C E M Y U C U U Y B F M N
C I A Q C J S C F A A L T Y L S E U F U
U P B V N O U J S K F R P R J M F E Z B
V C A G S F L H X M H W R Z X I X G C E
D I T N X U G U A D X G F O Q N R O O X
B O E Z G G M I M R P F J N J C Z Q D N
Y S Z R C F Y V M N K I J O D O O Z O Z
Y L G O P W N I X W A F V I E N T O R K
B Z Q L J G F G R A R Z W Y R P P H N E
X G I X D Z P S W E X H W E K R K S I I
X A M A L E C I T A S J U S Q A C U Z B
C A R W E S D D F J H A F H R D A F S T
K W G F M R Q X H U P Q C U I T B E N I
E P D G Z F W J G I J Q F A M F A M P X
A M F R Z Q D Á N G E L U T D H L A N C
F F A F R E F I D I M J Q X I H L N Y I
D L M Q T K W O S E P K D I V C O Á M T
J L Q J O S U É E N S G Z C L E S H K M
V Q L F Z O N V R Q T Y Z G I R A G H
```

MAR ROJO	COLUMNA	REFIDIM	EGIPCIOS
VIENTO	MANÁ	SHABAT	NUBE
ÁNGEL	AMALECITAS	CABALLOS	AGUA
JOSUÉ	FUEGO	CODORNIZ	YESHUA

Beshalaj

Dibuja una imagen que relate la batalla en Refidim.

Diseña una carroza para el Faraón. ¡Usa tu imaginación!

Esta porción de la Torá me enseña...

Imagina que eres un Israelita. Describe cómo fue cruzar el Mar Rojo.

COMIDA EN EL DESIERTO

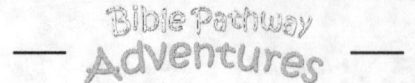

BESHALAJ

"Y luego que Faraón dejó ir al pueblo, Yah no los llevó por el camino de la tierra de los Filisteos, que estaba cerca; porque dijo Yah: Para que no se arrepienta el pueblo cuando vea la guerra, y se vuelva a Egipto."

Éxodo 13:17

Traza la palabra Hebrea aquí:	Escribe la palabra Hebrea aquí:
בשלח בשלח	

REFLEXIONEMOS: BESHALAJ

Abre tu Biblia y lee los versículos mencionados a continuación.
Reflexiona estas preguntas con tu familia, amigos y compañeros de clase.

1. Lee Éxodo 13:17-22. Los Israelíes dejaron Egipto el primer día del Pan sin Levadura. ¿Quién los guiaba? ¿A dónde los guio?

2. Lee Éxodo 14:1-14 ¿Qué decidió hacer el Faraón? ¿Cómo lidió Moisés con los Israelitas atemorizados?

3. Lee Éxodo 15:1-19. ¿Cómo celebraron los Israelitas el haber cruzado el Mar Rojo?

4. Lee Éxodo 12:8,15. Una vez que los Israelitas dejaron Egipto, tuvieron que "sacar a Egipto de ellos mismos". Yah les indicó a los Israelitas que sacaran la levadura de sus casas durante la Fiesta del Pan sin Levadura. En nuestro camino con Yeshua, ¿qué simboliza esto?

5. Lee Éxodo 16. Se les ordenó a los Israelitas descansar en el Shabat y no recolectar maná. ¿Honras el Shabat?

6. En esta Porción de la Torá, los Israelitas pasaron de alabar a Yah al derrotismo y la queja. ¿Cómo se compara esto a tu camino con Yeshua cuando enfrentas pruebas?

YITRO, LECTURA DE LA TORÁ

Lee Éxodo 18:1-20:26.
Responde las siguientes preguntas.

1. ¿Cuál era la relación de Jetro con Moisés? ....

2. ¿Quiénes eran los dos hijos de Moisés? ....

3. ¿Qué hizo Moisés después de escuchar el consejo de Jetro? ....

4. ¿En qué mes llegaron los Israelitas al Monte Sinaí? ....

5. ¿Qué hizo Yah en la mañana del tercer día? ....

6. ¿Cómo le respondió Yah a Moisés en Éxodo 19:19? ....

7. ¿En qué montaña se les dio a los Israelitas los Diez Mandamientos? ....

8. ¿Cuál día es sagrado y apartado para Yah? ....

9. ¿Qué pasará si honras a tu madre y a tu padre? ....

10. ¿Qué tipo de altar les dijo Yah a las personas que construyeran? ....

YITRO, LECTURA DE LOS PROFETAS

Lee Isaías 6:1-7:6 y 9:6-7.
Responde las siguientes preguntas.

1. ¿Quién murió en el año en que Isaías vio a Yah sentado en un trono? ....

2. ¿Qué prenda llenaba el templo? ....

3. ¿Cuántas alas tenía cada serafín? ....

4. ¿Qué tenía uno de los serafines en su mano? ....

5. ¿Quién no podría atacar a Jerusalén? ....

6. ¿Quién estaba aliado con Efraín? ....

7. ¿Por qué el corazón de Acaz y su gente tembló de miedo? ....

8. ¿A quién le ordenó Yah ir a reunirse con Acaz? ....

9. ¿Quién concibió el mal contra Judá? ....

10. Se llamará su nombre Admirable Consejero, Dios Fuerte, Padre Eterno, _____ de Paz. (Isaías 9:6) ....

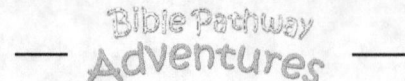

YITRO, LECTURA DE LOS APÓSTOLES

Mateo 19:16-30, 1 Timoteo 3:1-13
y Santiago 2:8-13.
Responde las siguientes preguntas.

1. ¿Qué pregunta le hizo el hombre a Yeshua en Mateo 19:16? ....

2. ¿Cómo le respondió Yeshua al hombre en Mateo 19:17? ....

3. ¿Qué más le dijo Yeshua al hombre que debía hacer en Mateo 19:21? ....

4. ¿Por qué el hombre se marchó, lleno de pesar? ....

5. ¿Quién juzgará a las doce tribus de Israel? ....

6. ¿Por qué no se les debe dar liderazgo a los nuevos creyentes

   (neófito)? (1 Tim 3:6) ....

7. ¿Qué tipo de carácter deben tener las esposas de los líderes? ....

8. ¿Cómo cumplimos con la Torá? ....

9. ¿Cómo deberíamos hablar y actuar? (Santiago 2:12) ....

10. ¿Qué triunfa sobre el juicio? (Santiago 2:13) ....

YITRO

Lee Éxodo 18:1-20:26.
Encuentra y haz un círculo en cada una de las palabras de la siguiente lista.

JUEZ	PRENDAS	LIDERAZGO	OFRENDAS
TRUENO	ALTAR	YAH	ISRAEL
REINO	RELAMPAGUEO	MADIÁN	SHOFAR
MONTE SINAÍ	MANDAMIENTOS	JETRO	MOISÉS

Yitro

Dibuja el campamento de los Israelitas en el Monte Sinaí.

¿Cómo describirías a Jetro?

Esta porción de la Torá me enseña...

Imagina que estabas en el Monte Sinaí. Escribe un registro de diario del día en que Yah le dio a Israel Sus mandamientos.

LOS DIEZ MANDAMIENTOS

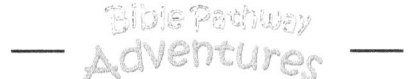

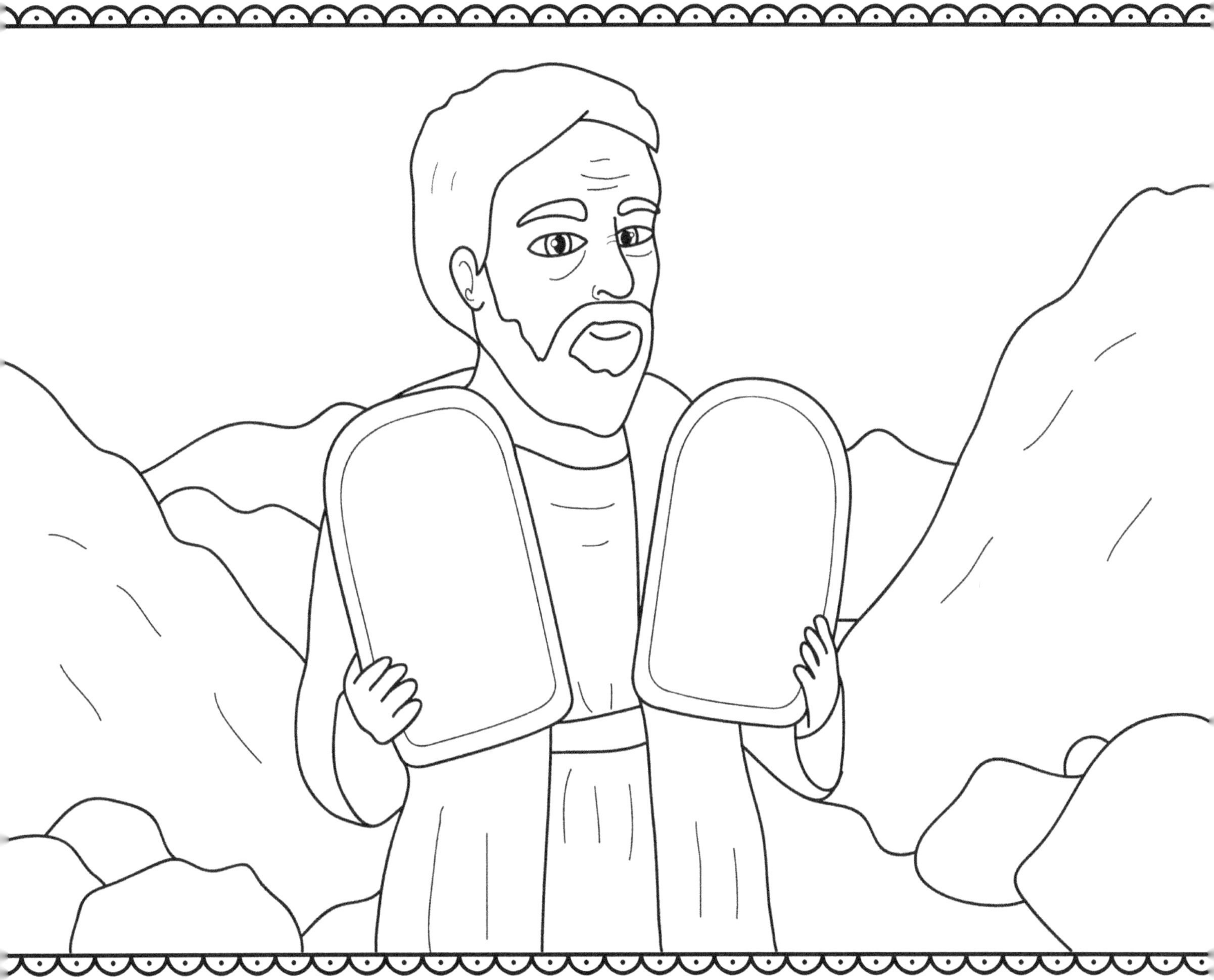

© BPA Publishing Ltd 2020

YITRO

"Oyó Jetro sacerdote de Madián, suegro de Moisés, todas las cosas que Yah había hecho con Moisés, y con Israel su pueblo, y cómo Yah había sacado a Israel de Egipto."

Éxodo 18:1

Yitro

"Jetro"

יִתְרוֹ

Traza la palabra Hebrea aquí:	Escribe la palabra Hebrea aquí:

REFLEXIONEMOS: YITRO

Abre tu Biblia y lee los versículos mencionados a continuación.
Reflexiona estas preguntas con tu familia, amigos y compañeros de clase.

1. Lee Éxodo 19:1. ¿Cuál Tiempo Designado (mo'edim) ocurre en el tercer mes, 50 días después de las Fiestas del Pan sin Levadura? ¿Cómo honras esta Fiesta?

2. Lee Éxodo 18:13-27. ¿Por qué crees que Jetro le dijo a Moisés que designara líderes sobre el pueblo de Israel?

3. Lee Éxodo 18:13-27, 1 Pedro 5:3 y Marcos 10:35-42. Según Yeshua, ¿cómo deberían comportarse los líderes? ¿Ves ejemplos de esto en tu familia o congregación? Discute el papel de un líder servidor.

4. Lee Éxodo 20 y Deuteronomio 5:2–5. ¿Puedes nombrar los Diez Mandamientos? ¿Quién habló esas Palabras?

5. Lee Éxodo 20. ¿En qué se diferencian los primeros cinco mandamientos del último conjunto de cinco mandamientos?

6. Lee Éxodo 20:8. ¿Honras el Shabat? Si es así, ¿qué haces?

MISHPATIM, LECTURA DE LA TORÁ

Lee Éxodo 21:1-24:18.
Responde las siguientes preguntas.

1. ¿Los esclavos Hebreos deben trabajar por cuántos años? ....

2. ¿Cuál es el castigo por asesinato en Éxodo 21:12? ....

3. ¿Cuánto debe pagar una persona por robar o matar un buey o una oveja? ....

4. ¿Qué debería pasarle a la tierra cada séptimo año? ....

5. ¿Qué le pidió Yah a los Israelitas hacer en el séptimo día? ....

6. ¿Qué tipo de pan se come durante las Fiestas del Pan sin Levadura? ....

7. ¿Cuáles son las tres Fiestas en las que los hombres deben comparecer ante Yah? ....

8. ¿Ante quién no deben inclinarse los Israelitas en Éxodo 23:23-24? ....

9. ¿Qué representaban las doce columnas cerca del altar? ....

10. ¿Cuánto tiempo estuvo Moisés en el Monte Sinaí? ....

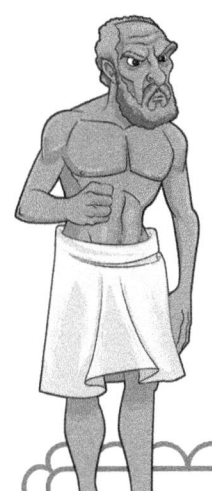

MISHPATIM, LECTURA DE LOS PROFETAS

Lee Jeremías 34:8-22 y 33:25-26.
Responde las siguientes preguntas.

1. ¿Qué rey hizo un pacto con el pueblo? ....

2. ¿Quiénes liberaron a sus esclavos Hebreos? ....

3. "Al cabo de ____ años liberarán a sus esclavos Hebreos que les han servido por seis años". (Jeremías 34:14) ....

4. ¿Cuál era el castigo para la gente por volver a recuperar sus esclavos? ....

5. ¿Con quién hizo Yah el pacto? ....

6. ¿De qué tierra Yah liberó a los Israelitas de la esclavitud? ....

7. ¿Cómo fue que los Israelitas profanaron el nombre de Yah? ....

8. ¿Qué ejército derrotará a los Israelitas? ....

9. ¿A quién le entregará Yah a los Babilonios? ....

10. ¿Yah desolará las ciudades de cuál tribu de Israel? ....

MISHPATIM, LECTURA DE LOS APÓSTOLES

Lee Santiago 3:2-12, Hebreos 12:25-29 y Mateo 5:38-42.
Responde las siguientes preguntas.

1. "Porque todos ____ de muchas formas..." (Santiago 3:2)

2. "La ____ es un fuego, un mundo de iniquidad". (Santiago 3:6)

3. ¿Quién puede domar a la lengua?

4. ¿La lengua está llena de qué? (Santiago 3:8)

5. ¿Qué procede de una misma boca en Santiago 3:10?

6. "Tengamos gratitud por recibir un ____ que es inconmovible..." (Hebreos 12:28)

7. "Sirvamos a Dios agradándole, con ____ y temor…" (Hebreos 12:28)

8. ¿Qué tipo de fuego es Yah?

9. "Y cualquiera que te obligue a llevar carga por una milla, ve con él ____." (Mateo 5:41)

10. ¿A quién no debemos reusarnos en Mateo 5:42?

MISHPATIM

Lee Éxodo 21:1-24:18. Encuentra y haz un círculo en cada una de las palabras de la siguiente lista.

```
O P Z E P R X F X Q R F H S C B M Y Y B
O A U G F C F M L V H N Q Z A D W Z O U
E J V I B I L S V J P U V K N Q T E I E
T F J P V S C F M E H S H N A R H S M Y
Z Z R T Q O U K K E S N Y M N J Y N P E
Z I D O T P U K O W L C S V E X I O A S
P S H A F C R F K S I K L S O B J N N M
I K H K H E U I Z O Q C E A S P H I S I
R D S A N R V O M Z T Z K K V F D A I P
D O P V V D M Z A I A Z F S L O F P N J
C Y J T A U O J K J C Z U J I P S E L K
G G W J S K O K I O U I H M J K F K E L
Q F K N J Z C T V U U I A M V E F Z V H
I I K A W C Z P B F K R F S E B E U A M
A D H Z W S É P T I M O X W D R H L D P
L Z U G O S J J T K W X K M E E T T U L
T A P Á N G E L H P R Ó J I M O J I R L
A J C F B B Q Z Y M L T T L X S D F A K
R Y T X W R F P A C T O W T X F F U E O
N N N T I K G V K E X D E S C A N S O S
```

SHAVUOT   **EGIPTO**   **NOVIA**   **SÉPTIMO**
PACTO   **CANANEOS**   **SUKKOT**   **DESCANSO**
HEBREOS   **ALTAR**   **PAN SIN LEVADURA**   **ÁNGEL**
ESCLAVOS   **PRIMICIAS**   **BUEYES**   **PRÓJIMO**

Mishpatim

Honro la Fiesta del Pan sin Levadura al…

Dibuja una imagen que relate Éxodo 24:9-11 (Moisés y los 70 ancianos comiendo y bebiendo en el Monte Sinaí).

Esta Porción de la Torá me enseña…

Dibuja un mapa que muestre el Monte Sinaí, el altar, las doce columnas y el campamento de los Israelitas.

¡TIERRA PROMETIDA!

Abre tu Biblia y lee Éxodo 23.
Responde las preguntas. Colorea la imagen.

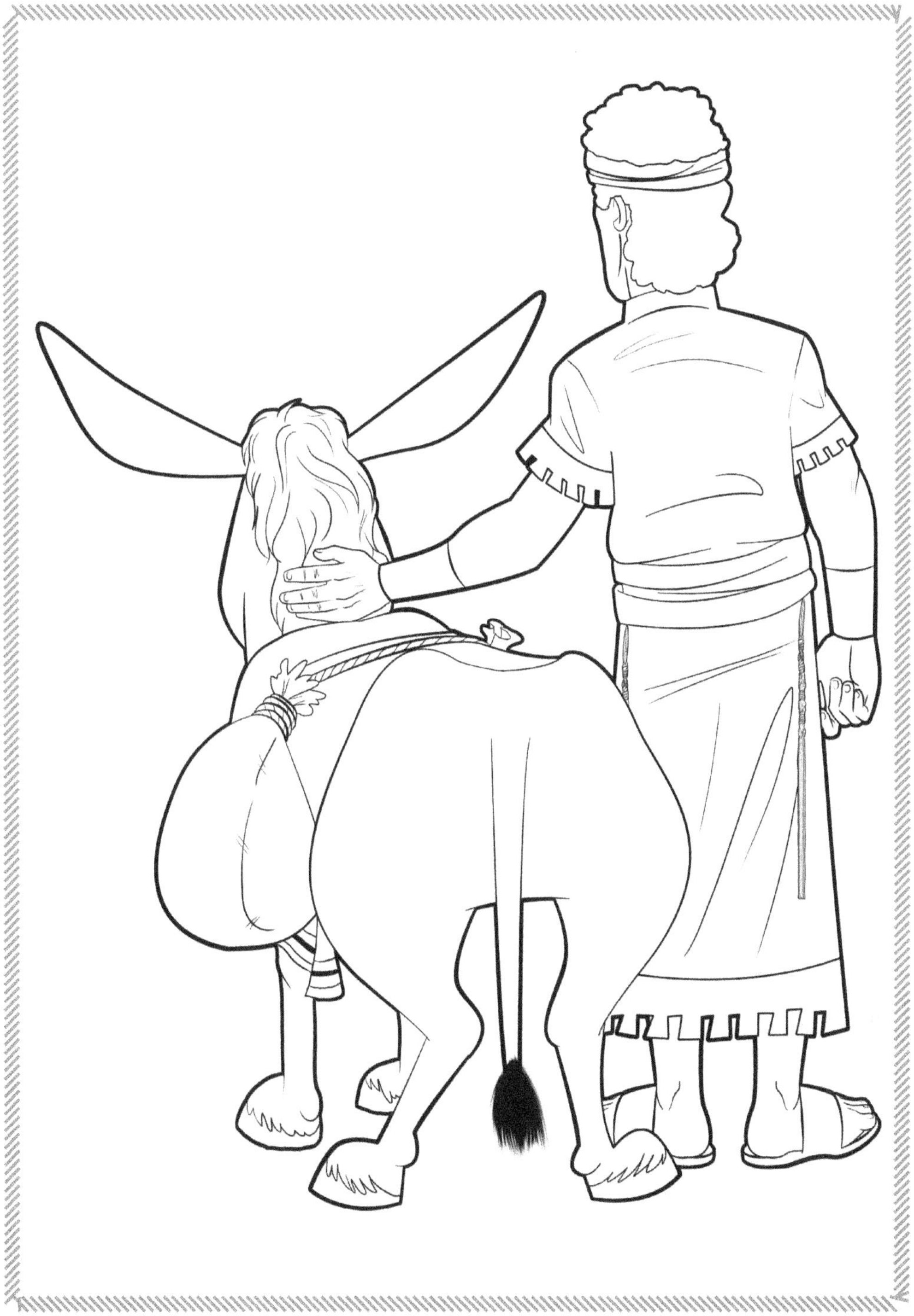

1. ¿Quién guiará a los Israelitas a la Tierra Prometida? (versículo 23)

....
....
....
....

2. ¿A quiénes sacarán los Israelitas de la tierra? (versículo 28)

....
....
....
....

3. ¿Cuáles son las fronteras de la Tierra Prometida? (versículo 31)

....
....
....
....

www.biblepathwayadventures.com
Shemot | Éxodo - Libro de Actividades con Porciones de la Torá

© BPA Publishing Ltd 2020

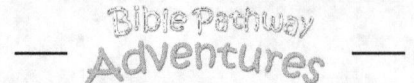

✦ MISHPATIM ✦

"Seis días trabajarás, y al séptimo día reposarás, para que descanse tu buey y tu asno, y tome refrigerio el hijo de tu sierva, y el extranjero."

Éxodo 23:12

Mishpatim

"Leyes"

מִשְׁפָּטִים

Traza la palabra Hebrea aquí:	Escribe la palabra Hebrea aquí:
מִשְׁפָּטִים	

REFLEXIONEMOS: MISHPATIM

Abre tu Biblia y lee los versículos mencionados a continuación.
Reflexiona estas preguntas con tu familia, amigos y compañeros de clase.

1. Lee Éxodo 21-24. ¿Cuál era el propósito de la Torá?

2. Lee Éxodo 23:1, Santiago 3:2-12 y Proverbios 6:16,19. Yah odia el chisme. ¿Cómo puedes parar de decir chismes acerca de otras personas?

3. Lee Éxodo 23:10-12. ¿Por qué es importante honrar el Shabat? ¿Cómo honras este día apartado?

4. Lee Éxodo 23:13. La Torá señala claramente que no se debe adorar a dioses falsos. ¿Cómo aplican estas instrucciones para nosotros hoy en día?

5. Lee Éxodo 23:10-19. ¿Por qué es importante dar a Yah? ¿Por qué le das a Yah? ¿Notas alguna bendición en tu vida cuando das de forma generosa?

6. Lee Éxodo 23:20, 1 Corintios 10:4 y Hechos 7:37-38. ¿Quién era el ángel que guio a los Israelitas a la Tierra Prometida?

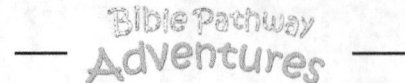

TERUMAH, LECTURA DE LA TORÁ

Lee Éxodo 25:1-27:19.
Responde las siguientes preguntas.

1. ¿Qué les pidió Yah a los Israelitas que hicieran? (Éxodo 25:8) ....

2. ¿Qué tipo de madera fue usada para construir el Arca? ....

3. ¿Qué dijo Yah que se colocara dentro del Arca? ....

4. ¿Qué metal usaron los Israelitas para fabricar el propiciatorio? ....

5. ¿Qué se colocó en cada extreme del Arca? ....

6. ¿Qué alimento se colocaba regularmente en la mesa? ....

7. ¿Cuántas ramas tiene el candelabro (menorá)? ....

8. ¿Qué seres espirituales fueron incluidos en las diez cortinas de lino? ....

9. ¿Qué se colocó en las cuatro esquinas del altar de bronce? ....

10. ¿Cuáles utensilios se colocaron dentro del Lugar Santísimo? ....

TERUMAH, LECTURA DE LOS PROFETAS

Lee 1 Reyes 5:1-6:13.
Responde las siguientes preguntas.

1. ¿En qué año de su reinado Salomón comenzó a construir el Templo (Casa)? ....

2. ¿En qué mes Salomón comenzó a construir el Templo? ....

3. ¿Hace cuánto tiempo los Israelitas habían dejado Egipto? ....

4. ¿Quién fue el padre de Salomón? ....

5. ¿Cuán largo, ancho y alto era el Templo? ....

6. ¿Qué tipo de marcos de ventana usó Salomón? ....

7. ¿Por qué se preparó la piedra en la cantera? ....

8. ¿En qué lado del Templo estaba la entrada al piso más bajo? ....

9. ¿Qué tipo de madera usó Salomón para construir el techo? ....

10. ¿Qué les prometió Yah a Salomón y a los Israelitas si seguían

    Sus instrucciones? ....

TERUMAH, LECTURA DE LOS APÓSTOLES

Lee Hebreos 10:19-22, 13:10-12 y Mateo 5:14-16.
Responde las siguientes preguntas.

1. ¿Cómo obtienes la libertad de entrar al lugar santísimo?

2. ¿Quién es nuestro Sumo Sacerdote hoy?

3. "Acerquémonos con corazón sincero en plena certidumbre de _____". (Heb 10:22)

4. ¿Dónde se queman los cuerpos de los animales?

5. ¿Dónde sufrió Yeshua?

6. ¿Por qué Él sufrió en este lugar?

7. "Ustedes son la _____ del mundo". (Mateo 5:14)

8. "Una ciudad asentada sobre un _____ no se puede esconder".

9. ¿Dónde puso la gente sus lámparas?

10. ¿Por qué debemos dejar que nuestra luz brille ante otros?

TERUMAH

Lee Éxodo 25:1-27:19. Encuentra y haz un círculo en cada una de las palabras de la siguiente lista.

PAN DE LA PROPOSICIÓN	CONTRIBUCIÓN	MENORÁ	ACACIA
ALTAR DE BRONCE	QUERUBÍN	PROPICIATORIO	ARCA
PIEL DE CABRA	ORO	CORTINAS	ALIANZA
COLUMNAS	MESA	TABERNÁCULO	CORTE

Terumah

Dibuja una imagen del Tabernáculo en el desierto.

Dibuja el Arca de la Alianza.

Esta porción de la Torá me enseña...

Describe cómo los Israelitas obtuvieron su oro, plata y bronce en Egipto.

ARCA DE LA ALIANZA

Abre tu Biblia y lee Éxodo 25.
Responde las preguntas. Colorea la imagen.

1. ¿Qué tipo de madera se usó para construir el Arca? (versículo 10)

2. ¿Cuántos querubines dorados se pusieron sobre el Arca? (versículo 18)

3. ¿En qué parte del Arca los Israelitas pusieron el propiciatorio? (versículo 21)

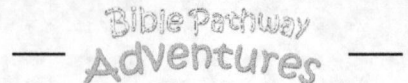

TERUMAH

"Di a los hijos de Israel que tomen para Mí ofrenda; de todo varón que la diere de su voluntad, de corazón, tomarás Mi ofrenda. Esta es la ofrenda que tomarás de ellos: oro, plata, cobre."

Éxodo 25:1-3

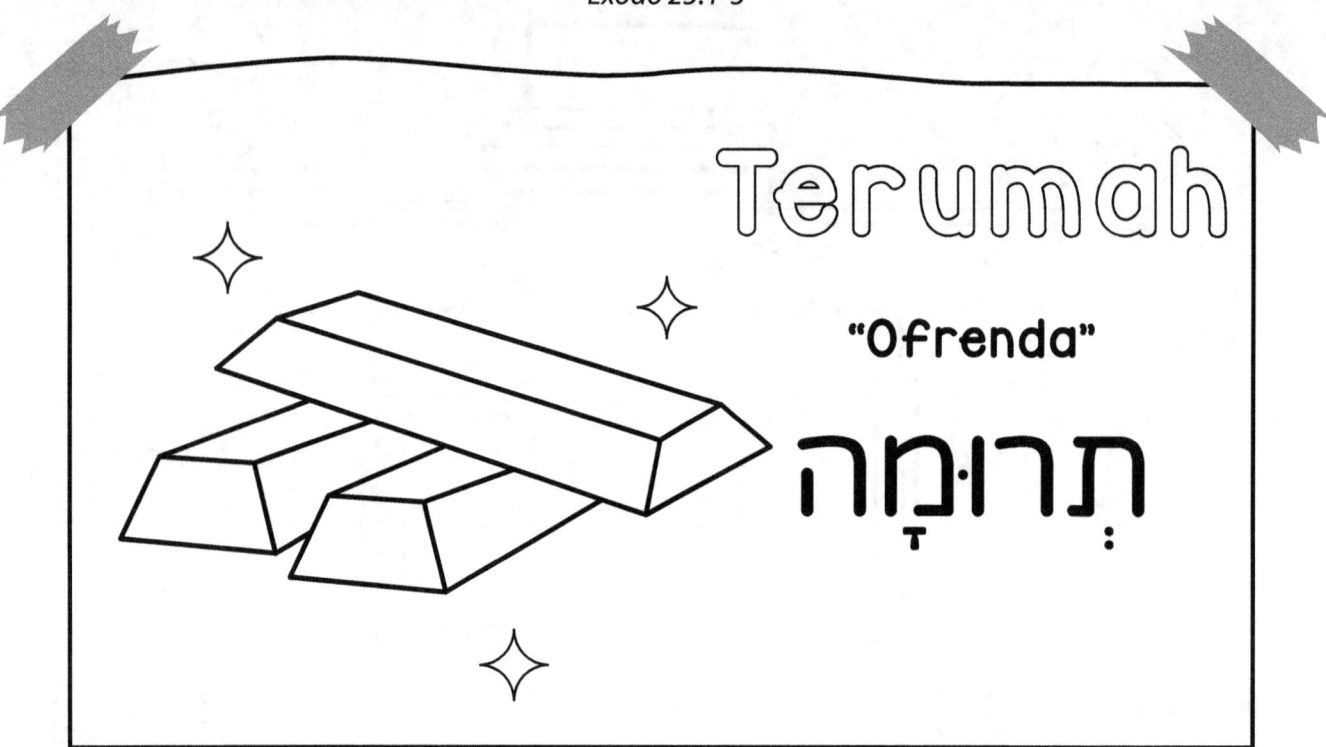

Traza la palabra Hebrea aquí:

Escribe la palabra Hebrea aquí:

REFLEXIONEMOS: TERUMAH

Abre tu Biblia y lee los versículos mencionados a continuación.
Reflexiona estas preguntas con tu familia, amigos y compañeros de clase.

1. Lee Éxodo 25:1-10. ¿Por qué Yah quería que los Israelitas construyeran un tabernáculo?

2. Lee Éxodo 25:1-2 y 2 Corintios 9:7. A Yah le gusta que demos voluntariamente y con la actitud correcta. ¿Cómo puedes ser generoso con tu familia, amigos y vecinos? ¿Cuál debería ser la actitud de nuestros corazones cuando damos a la obra de Elohim?

3. Lee Éxodo 25:31-40. Investiga. ¿Qué representan las ramas el candelabro (menorá)?

4. Lee Éxodo 26:1-37. ¿Qué utensilios se colocaron en el Lugar Santísimo?

5. Lee Éxodo 26:1-37. Investiga los Tiempos Designados (mo'edim) de Dios. ¿En cuál Tiempo Designado el Sumo Sacerdote entró al Lugar Santísimo? ¿Cómo honras esta fiesta?

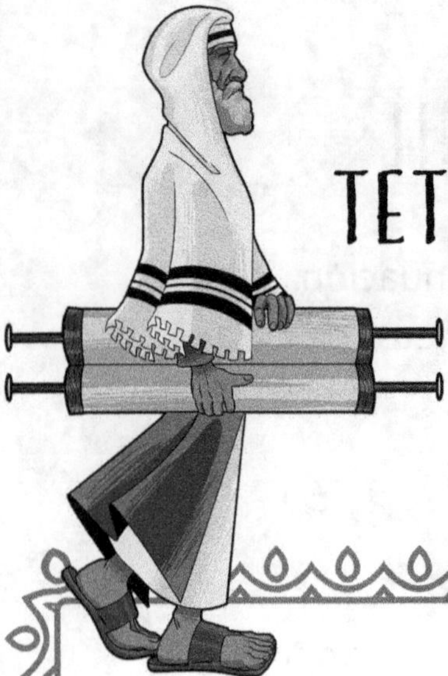

TETZAVEH, LECTURA DE LA TORÁ

Lee Éxodo 27:20-30:10.
Responde las siguientes preguntas.

1. ¿Qué tipo de aceite se usa para la lámpara? ....

2. ¿Cuáles tres hombres Yah eligió para servir como sacerdotes? ....

3. ¿Cuáles fueron las seis prendas que el Sumo Sacerdote usaba? ....

4. ¿Qué nombres estaban grabados en las piedras de ónix? ....

5. ¿Cuántas piedras fueron colocadas en la armadura del Sumo Sacerdote? ....

6. ¿De qué color era la túnica del efod? ....

7. ¿Qué animales se usaron para consagrar a los sacerdotes? ....

8. ¿Qué tipo de madera se usó para construir el altar? ....

9. ¿Qué les dijo Yah a los Israelitas que quemaran en el altar? ....

10. ¿Cada cuánto tiempo Aarón debía hacer expiación sobre los cuernos del altar? ....

TETZAVEH, LECTURA DE LOS PROFETAS

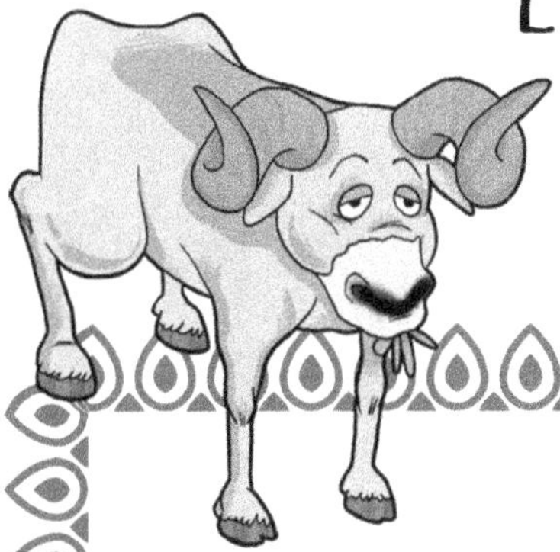

Lee Ezequiel 43:10-27.
Responde las siguientes preguntas.

1. ¿Qué le dijo Yah a Ezequiel que les describiera a los Israelitas? ....

2. Todo el territorio en la cima del ____ será santísimo. ....

3. ¿Cuán ancho es el altar? ....

4. ¿De qué forma es el fogón del altar? ....

5. ¿A qué dirección apuntan las escaleras del altar? ....

6. ¿De qué familia son los sacerdotes levíticos? ....

7. ¿Para qué tipo de ofrendas se usaba el altar? ....

8. ¿Dónde se colocaba parte de la sangre del toro alrededor del altar? ....

9. ¿Cuáles eran los tres animales usados para las ofrendas quemadas? ....

10. "Por ____ días deberán proporcionar a diario una cabra macho para una ofrenda por el pecado..." ....

TETZAVEH, LECTURA DE LOS APÓSTOLES

Lee Hebreos 5:1-10, 13:10-17 y Romanos 12:1.
Responde las siguientes preguntas.

1. ¿Cómo debemos presentarnos ante Yah?

2. ¿Cómo deben mostrarse los sacerdotes con los ignorantes y extraviados? (Heb 5:2)

3. ¿Cuál sumo sacerdote fue llamado por Yah?

4. ¿Quién designó a Yeshua como nuestro Sumo Sacerdote?

5. "Tú eres sacerdote por siempre, según el orden del _____". (Heb 5:6)

6. ¿Por qué Yahweh escuchó los ruegos de Yeshua? (Heb 5:7)

7. ¿Cómo Yeshua aprendió obediencia?

8. ¿Quién es la fuente de salvación de aquellos que lo obedecen?

9. "Y de hacer bien y de la _____ no te olvides..." (Heb 13:16)

10. ¿Por qué debemos obedecer a nuestros líderes y someternos ante ellos?

TETZAVEH

Lee Éxodo 27:20-30:10. Encuentra y haz un círculo en cada una de las palabras de la siguiente lista.

```
Y A Y D T O B R U Z P N S V T C M R A K
G E Y Y P U Z Y T F V J K G H I E R O R
E D U J L N A D A B L I Y N J N A P S D
W J V E F P V Z D T Q F I J S C F N I C
A S W J R A H J M U M J G J U I F O M A
A W J S K B F S W R U E I M E R R T R
R S A Q J I V Z A A T T L M O N N O U P
Ó E X P I A C I Ó N B O C E S S E S M A
N I J U P L G C K F J I G F A O G A I V
O U M C I T K S N K Y N Ú S C Q A T M L
G E U P F F X A I R H B R Q E O P U W Y
Q G A R H P M R S Q J N W M M A R V T
Y P S J I Q E I J M T S Y R D U J B W X
V J T A A M C D X K J S B Z O E D A P D
V R Z M C C M J B U N V D L T F D N X W
Y D A E P H K Q X Y F U J N E O D T J B
A C E I T E D E O L I V A W M D N E B O
Q A P R W U I H B A M D T P P B I T B Z
L Á M P A R A J A L T A R G F P X J Z Q
A I J I N E B F E F D A R M A D U R A B
```

NADAB	ORO	INCIENSO	EFOD
ABIÚ	EXPIACIÓN	TURBANTE	URIM
LÁMPARA	TUMIM	ACEITE DE OLIVA	ARMADURA
SUMO SACERDOTE	ALTAR	CARPA	AARÓN

Tetzaveh

Dibuja el altar de incienso.

Imagina que eres un sacerdote en el Tabernáculo. Describe tu trabajo.

Dibuja al Sumo Sacerdote en el Tabernáculo.

Esta porción de la Torá me enseña...

TETZAVEH

Las vestiduras que harán son éstas: el pectoral, el efod, el manto, la túnica bordada, la mitra y el cinturón. Hagan, pues, las vestiduras sagradas para Aarón tu hermano, y para sus hijos, para que sean mis sacerdotes.
(Éxodo 28:4)

TETZAVEH

"Y mandarás a los hijos de Israel que te traigan aceite puro de olivas machacadas, para el alumbrado, para hacer arder continuamente las lámparas. En el tabernáculo de reunión, afuera del velo que está delante del testimonio, las pondrá en orden Aarón y sus hijos para que ardan delante de Yah desde la tarde hasta la mañana, como estatuto perpetuo de los hijos de Israel por sus generaciones."

Éxodo 27:20-21

Tetzaveh

"Tú darás mandato"

תְּצַוֶּה

Traza la palabra Hebrea aquí:

Escribe la palabra Hebrea aquí:

REFLEXIONEMOS: TETZAVEH

Abre tu Biblia y lee los versículos mencionados a continuación.
Reflexiona estas preguntas con tu familia, amigos y compañeros de clase.

1. Lee Éxodo 27:20-21 y Mateo 26:36-46. El aceite de oliva era usado para la unción y encendido de la menorá. Las olivas eran prensadas/trituradas para producir aceite para luz. ¿Cómo este proceso de elaborar aceite de oliva se relaciona con nuestro camino con Yeshua?

2. Lee Éxodo 28:15 y Apocalipsis 21:12-14. La armadura del Sumo Sacerdote contenía doce piedras, una por cada tribu de Israel. ¿Cómo se relaciona esto con las doce puertas en el Nuevo Jerusalén?

3. Lee Éxodo 28. Haz una lista de las prendas usadas por los sacerdotes. ¿Cuándo usaban estas vestiduras especiales?

4. Lee Éxodo 28:29. El sacerdote usaba la armadura sobre su corazón. ¿Cómo crees que Yeshua nos juzgará cuando nos presentemos ante Él?

5. Lee Éxodo 29:1-4 y Apocalipsis 19:8. ¿En qué condiciones Yeshua espera a Su Novia a Su regreso? ¿Qué nos enseña el comparar estos dos pasajes de la Biblia?

KI TISA, LECTURA DE LA TORÁ

Lee Éxodo 30:11-34:35.
Responde las siguientes preguntas.

1. ¿Cuántos siclos dijo Yah que se dieran como ofrenda? ....

2. ¿Qué metal se usó para hacer la fuente para lavar? ....

3. ¿Cuáles dos hombres fueron elegidos para hacer los utensilios del Tabernáculo? ....

4. ¿Qué Tiempo Designado es una señal entre Yah y Su pueblo? ....

5. ¿Qué animal de oro hizo Aarón? ....

6. ¿Por qué Moisés arrojó las tablas de piedra al suelo? ....

7. ¿Cómo Moisés destruyó el becerro de oro? ....

8. ¿Cómo castigó Moisés a los Israelitas por adorar a un becerro de oro? ....

9. ¿En cuál de los tres mo'edim se les dijo a los hombres Israelitas que se presentaran ante Yah cada año? ....

10. ¿Qué monte escaló Moisés con las dos tablas de piedra? ....

KI TISA, LECTURA DE LOS PROFETAS

Lee 1 Reyes 18:1-39.
Responde las siguientes preguntas.

1. ¿Qué instrucciones le dio Yah a Elías? ....

2. ¿Dónde era grave la hambruna? ....

3. ¿Quién destruyó a los profetas del Señor? ....

4. ¿Cuántos profetas ocultó Abdías en cuevas? ....

5. ¿Con qué alimentaba Abdías a los profetas? ....

6. ¿Cuántos profetas falsos convocó Elías? ....

7. ¿En qué monte se reunió Elías con los profetas? ....

8. ¿Por qué Elías eligió doce piedras para construir un altar? ....

9. ¿Cuántos cántaros se usaron para verter agua sobre el sacrificio? ....

10. ¿Qué hizo el pueblo cuando vio el fuego de Yah? ....

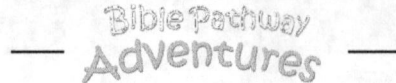

KI TISA, LECTURA DE LOS APÓSTOLES

Lee 1 Corintios 12:1-31, Hechos 7:39-42 y Hebreos 3:1-6.
Responde las siguientes preguntas.

1. ¿Quién es nuestro Sumo Sacerdote? (Heb 3:1) ....

2. ¿Quién ha sido estimado digno de más gloria que Moisés? ....

3. "Moisés fue fiel en toda la casa de Dios como _____..." (Heb 3:5) ....

4. ¿Quién es el constructor de todas las cosas? (Heb 3:4) ....

5. ¿Quiénes se rehusaron a obedecer a Yah? (Hechos 7:39) ....

6. ¿Qué instrucciones le dieron los Israelitas a Aarón? (Hechos 7:40) ....

7. ¿Qué animal de oro hizo Aarón? (Hechos 7:41) ....

8. "Hay variedad de dones, pero el mismo _____." (1 Cor 12:4) ....

9. "Porque por un solo Espíritu fuimos todos _____ en un cuerpo…" (1 Cor 12:13) ....

10. ¿Qué ha puesto Yah para la congregación de Israel? (1 Cor 12:28) ....

KI TISA

Lee Éxodo 30:11-34:35. Encuentra y haz un círculo en cada una de las palabras de la siguiente lista.

```
A N P U W I Q I B L S H I L H F O J J V
G H B D I C W N G G W N S A F S G W Y K
R Y O H I A P C S S S C G V A P N G J H
A A G L O D Z I P K V I N A Q I V W T H
C U L X I J X E B U J Q O B G F R X A P
E B F I C A N N G Q F N T O Z L B B R L
I Y R B A I B S M C U I J T F W K E Z P
T E C E Z N K O A N S J D X Z N X C F Q
E A E Z Q T Z D N E U A W L P G M E F B
J F B A Z R N A D X W N T J P V O R V M
O V M L R T E R A O R V B Y Y U N R L H
O O K E A Q D G M S X V V R L C T O F R
C E L E X S P L I J W X R H S P E D V D
T M N L G V F J E X Z L G M I R S E E S
Q A D H F L C H N B D R N O D K I O C X
E C E N S O D U T G B R O N C E N R A A
E F S W Z Z P N O X W L B U O G A O R C
P D E G I P T O S S A G R A D O Í M P D
K M J B T Y P J X C Y E O B F A N U A U
S H A B A T S A H V Q F V X O T I L B A
```

BEZALEEL	EGIPTO	MANDAMIENTOS	BRONCE
SAGRADO	MONTE SINAÍ	SHABAT	ACEITE
TABLAS	BECERRO DE ORO	CARPA	LAVABO
AHOLIAB	INCIENSO	CENSO	ALIANZA

Ki Tisa

Dibuja a Moisés y los Diez Mandamientos.

Completa esta oración: Después de que Moisés bajó del Monte Sinaí, él...

Esta porción de la Torá me enseña...

Dibuja un conjunto de imágenes que relaten la historia del becerro de oro.

EL BECERRO DE ORO

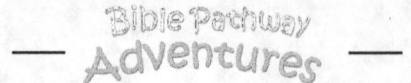

KI TISA

"Habló también Yah a Moisés, diciendo: Cuando tomes el número de los hijos de Israel conforme a la cuenta de ellos, cada uno dará a Yah el rescate de su persona, cuando los cuentes, para que no haya en ellos mortandad cuando los hayas contado."

Éxodo 30:11-12

Ki Tisa

"Cuando tomes"

כִּי תִשָּׂא

Traza la palabra Hebrea aquí:

Escribe la palabra Hebrea aquí:

REFLEXIONEMOS: KI TISA

Abre tu Biblia y lee los versículos mencionados a continuación.
Reflexiona estas preguntas con tu familia, amigos y compañeros de clase.

1. Lee Éxodo 30:17-21. ¿Para qué se usaba el lavabo (fuente) de bronce?

2. Lee Éxodo 30:17-38. Yah requería que Sus sacerdotes se lavaran y se ungieran, así como a todos los utensilios en el Tabernáculo. ¿Qué nos muestra esto acerca de cómo Yah le gusta que sean las cosas?

3. Lee Éxodo 31:1-11. Aholiab y Bezaleel fueron artesanos talentosos. ¿Qué talentos te ha dado el Padre? ¿Cómo usas estos talentos para servirle a Él y a otros a tu alrededor?

4. Lee Éxodo 31:12-17. ¿Cómo honras el Shabat? ¿Cuáles son los beneficios de mantener este día apartado para Yah?

5. Lee Éxodo 32. ¿Por qué Yah estaba furioso con los Israelitas? ¿Cómo reaccionó Moisés a la amenaza de Yah de destruirlos por su idolatría?

6. Lee Éxodo 34:10-28. Yah les pidió a los Israelitas honrar Sus Tiempos Designados (mo'edims) del Pan sin Levadura, Shavuot y Sukkot. ¿Cómo te preparas y honras estas Fiestas?

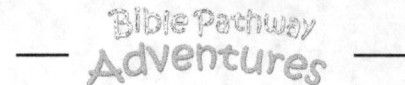

VAYAJEL, LECTURA DE LA TORÁ

Lee Éxodo 35:1-38:20.
Responde las siguientes preguntas.

1. ¿Qué les dijo Yah a los Israelitas que debían hacer en el séptimo día? ....

2. ¿Por qué Yah les pidió a los Israelitas ónix y otras piedras preciosas? ....

3. ¿Qué tipo de artesanos fueron elegidos para hacer el Tabernáculo y los utensilios? ....

4. ¿De qué tribu de Israel era Aholiab? ....

5. ¿Cuántas cortinas se hicieron para el Tabernáculo? ....

6. ¿Qué madera se usó para fabricar el Arca de la Alianza? ....

7. ¿Qué metal cubría la Mesa de los Panes de la Proposición? ....

8. ¿Cuántas ramas hay en el candelabro (menorá)? ....

9. ¿Dónde están ubicados los cuatro cuernos en el altar? ....

10. ¿Qué metal se usó para fabricar las estacas del tabernáculo? ....

VAYAJEL, LECTURA DE LOS PROFETAS

Lee 1 Reyes 7:13-26, 40-50.
Responde las siguientes preguntas.

1. ¿Por qué el rey Salomón mandó a llamar a Hiram? ....

2. ¿De qué tribu de Israel era Hiram? ....

3. ¿Qué tan altos eran las columnas del Templo? ....

4. ¿Qué tipo de fruta de bronce fue colocada en el entramado de redes? ....

5. ¿Dónde estaban colocadas las columnas en el Templo? ....

6. ¿Cuáles eran los nombres de las dos columnas? ....

7. ¿En qué dirección miraban los bueyes? ....

8. ¿En qué lugar Hiram fundió las vasijas para el Templo? ....

9. ¿Porqué Salomón no pesó los utensilios para el Templo? ....

10. ¿Cuántos candelabros (menorás) se colocaron en el Templo? ....

VAYAJEL, LECTURA DE LOS APÓSTOLES

Lee Hebreos 9:1-28, 2 Corintios 9:1-15 y Hebreos 10:26-31.
Responde las siguientes preguntas.

1. ¿Qué utensilios fueron colocados dentro del Lugar Sagrado? ....

2. ¿Qué utensilios fueron colocados en el Lugar Santísimo? ....

3. ¿Qué estaba dentro del Arca de la Alianza? ....

4. ¿Quién es el mediador del pacto renovado? ....

5. En el desierto, ¿qué roció Moisés sobre el libro, el pueblo y el tabernáculo de reunión? ....

6. "Y de la manera que está establecido para los hombres que mueran una sola vez, y después de esto el _____". (Hebreos 9:27) ....

7. ¿Por qué Yeshua aparecerá una segunda vez? (Hebreos 9:28) ....

8. ¿Qué tipo de dador Yah ama? ....

9. "El que siembra _____ también segará generosamente". (2 Cor 9:6) ....

10. ¿Qué le pasa a la gente que se aparta de la ley que fue dada a Moisés? ....

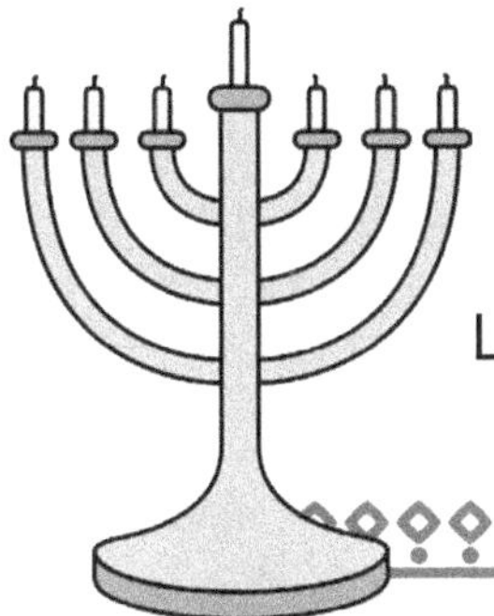

VAYAJEL

Lee Éxodo 35:1-38:20. Encuentra y haz un círculo en cada una de las palabras de la siguiente lista.

```
Q M A T E S T A C A S B S H G U X X B J
D M N A Z A S N Z A L T I I E N S S Z E
J V X B C Y Y R Y Z T G N P N J V H Z X
V Y S E Z Q S K R S U Z T W E X U A D K
P X P R V G E F F V A T A I R E A B J K
F Q Q N Q T P B F L L J M N O Y P A L C
V M R Á H A O J O O M J N W S K A T U O
Q W Y C N I X Q T F E P L I O L T R G N
S C Z U Z G J U C D N P L Y A N C W A G
A X G L J J O D Z C D U N U O B X U R R
C F X O T Q N R Y B R M S P S F O U S E
E Q V U O Z R O Y C O Q B L W U L T A G
R M M B F J B V P T B Q R A V I L N G A
D E V O N G P V J F D N O T M O L D R C
O N K Q S Y H E O W I F N A L T I Z A I
T O G S F M E P B O Z F C X V S M V D Ó
E R C O R T I N A S B I E L N H L R O N
S Á D N I X Z V Y A R T E S A N O T I S
J V A L T A R I L H P E C T O R A L L C
H K M L Z M O C F I N C I E N S O Y F V
```

ALMENDRO	CONGREGACIÓN	ALTAR	SACERDOTES
MENORÁ	INCIENSO	SHABAT	GENEROSO
ESTACAS	LUGAR SAGRADO	TABERNÁCULO	PECTORAL
ARTESANO	CORTINAS	PLATA	BRONCE

Vayajel

Yah ama a un dador generoso. Describe una vez que hayas dado generosamente.

Esta porción de la Torá me enseña...

Dibuja el candelabro y la mesa, el altar de incienso y el lavabo de bronce.

¿Qué hay dentro de la Arca de la Alianza? Lee Hebreos 9:4 y dibuja los objetos.

EL CANDELABRO (MENORÁ)

Abre tu Biblia y lee Éxodo 37:17-24.
Colorea la imagen.

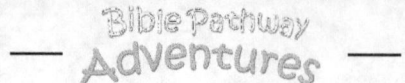

✡ VAYAJEL ✡

"Moisés convocó a toda la congregación de los hijos de Israel y les dijo: Estas son las cosas que Yah ha mandado que sean hechas."

Éxodo 35:1

Vayajel

"Y el convocó"

וַיַּקְהֵל

Traza la palabra Hebrea aquí:	Escribe la palabra Hebrea aquí:
וַיַּקְהֵל ויקהל	

REFLEXIONEMOS: VAYAJEL

Abre tu Biblia y lee los versículos mencionados a continuación.
Reflexiona estas preguntas con tu familia, amigos y compañeros de clase.

1. Lee Éxodo 35:1-3. ¿Qué se les instruyó a los Israelitas hacer en el Shabat? ¿Por cuánto tiempo Yah esperaba que Su gente honrara el Shabat?

2. Lee Éxodo 35:4-29 y 2 Corintios 9:6-15. ¿Qué significa tener un corazón generoso? ¿Por qué crees que Yah ama a un dador alegre?

3. Lee Éxodo 35:30-35. Bezaleel y Aholiab fueron artesanos hábiles. ¿Qué habilidades te ha dado el Padre? ¿Cómo puedes usar esas habilidades para bendecir a otros?

4. Lee Éxodo 35:30-36:7. Muchos Israelíes ayudaron voluntariamente a construir el Tabernáculo. ¿Cómo trabajas con los demás para ayudar a la gente en tu congregación? ¿Muestras disposición para ayudar?

5. Lee Hebreos 9:1-5. ¿Por qué crees que la vara de Aarón fue colocada dentro del Arca de la Alianza?

PEKUDEI, LECTURA DE LA TORÁ

Lee Éxodo 38:21-40:38.
Responde las siguientes preguntas.

1. ¿Quién fabricó todo lo que Yah le ordenó a Moisés? ....

2. ¿Cuánto oro se usó para construir el santuario? ....

3. ¿Cuánto bronce se usó para construir el Tabernáculo? ....

4. ¿Qué hilos de colores se usaron para elaborar las prendas del sumo sacerdote? ....

5. ¿Qué estaba grabado en las piedras de ónix? ....

6. ¿Qué piedras se usaron para el pectoral del sumo sacerdote? ....

7. ¿De qué color era la túnica del sumo sacerdote? ....

8. ¿En qué día los Israelitas erigieron el Tabernáculo? ....

9. ¿Dónde puso Moisés el altar de ofrendas quemadas? ....

10. ¿Qué había en el Tabernáculo de día y de noche? ....

PEKUDEI, LECTURA DE LOS PROFETAS

Lee 1 Reyes 7:51-8:21.
Responde las siguientes preguntas.

1. ¿Quién era el padre de Salomón? ....

2. ¿A quiénes reunió Salomón en Jerusalén? ....

3. ¿En qué mes estos hombres se reunieron en Jerusalén? ....

4. ¿Dónde se guardaba el Arca de Alianza antes de que se construyera el Templo? ....

5. ¿Cuántas ovejas y bueyes fueron sacrificados? ....

6. ¿Dónde pusieron los sacerdotes el Arca de la Alianza? ....

7. ¿Qué había dentro del Arca de la Alianza? ....

8. ¿En qué lugar Yah hizo un pacto con los Israelitas? ....

9. ¿Por qué los sacerdotes no podían levantarse? ....

10. ¿Quién era el rey de los Israelitas en ese momento? ....

PEKUDEI, LECTURA DE LOS APÓSTOLES

Lee Hebreos 5:1-11, 1 Corintios 3:1-17 y Hebreos 7:1-8:6.
Responde las siguientes preguntas.

1. ¿Qué ofrece el sumo sacerdote por pecados? (Hebreos 5:1)

2. ¿Quién designó a Yeshua como nuestro sumo sacerdote?

3. "Eres Sacerdote para siempre según el orden de ____".

4. ¿Cuál rey se reunió con Abraham y lo bendijo? (Hebreos 7:1)

5. ¿Cuánto de su botín le dio Abraham al rey de Salem?

6. ¿Cuál tribu de Israel sirve como sacerdotes? (Hebreos 7:5)

7. ¿Cómo los sacerdotes dejaron de servir para siempre?

8. ¿Quién ha sido hecho perfecto para siempre? (Hebreos 7:28)

9. ¿Quién es la base de nuestra fe? (1 Cor 3:11)

10. "Ustedes son templo de Dios, y el ____ de Dios mora en ustedes…" (1 Cor 3:16)

PEKUDEI

Lee Éxodo 38:21-40:38.
Encuentra y haz un círculo en cada
una de las palabras de la siguiente lista.

```
F D X U T A B E R N Á C U L O N F M J S
U O B J B N T D W Ó C V L B G A W W V U
E C D P M M R A S T N E K F R Z B N C M
G E L G Q Z Z R L I M I G Z Q G B I V O
O T H H G A X R E E C L X H K Z G Y N S
C R Q W Q R J R Q O N L V I R D N D Z A
C I H U S C A B K N T T O A L T A R P C
T B O E J W Z B Z L Z T O S O J R T A E
D U E B H O R Q A I D J A S E R F T I R
Q S M T U A W L D D K V A F U I F E V D
J D P E C T O R A L O V M J V V A B W O
N B J N W G D F K H O R T E G M W D C T
B J Q Y S I R U M H S T Z C C T Z X W E
M A N D A M I E N T O Y L Q F N O D F U
N N P E A C Y Q Z N G N J A N U B E Z W
X E K C T T I J L X E E E R P X K C V J
P R O P I C I A T O R I O C Q E N W W W
H W P V P M H P D F P B C A K N V I S R
G N L M A P U T E N S I L I O S T Q Z F
N Y E S J Z J Y Z D C C A R P A X R N G
```

SICLOS
ÓNIX
NUBE
SUMO SACERDOTE
GRABADOR
TALENTOS
PROPICIATORIO
ALTAR
FUEGO
MANDAMIENTO
TABERNÁCULO
CARPA
ARCA
PECTORAL
DOCE TRIBUS
UTENSILIOS

Pekudei

Dibuja a Aarón usando las vestiduras especiales de sumo sacerdote.

Crea un mapa del Tabernáculo para Moisés.

¿Cómo describirías el carácter de Bezaleel?

Esta porción de la Torá me enseña...

EL TABERNÁCULO

★ PEKUDEI ★

"Estas son las cuentas del tabernáculo, del tabernáculo del testimonio, las que se hicieron por orden de Moisés por obra de los Levitas bajo la dirección de Itamar hijo del sacerdote Aarón."

Éxodo 38:21

Traza la palabra Hebrea aquí:	Escribe la palabra Hebrea aquí:
פְקוּדֵי	
פְקוּדֵי	

REFLEXIONEMOS: PEKUDEI

Abre tu Biblia y lee los versículos mencionados a continuación.
Reflexiona estas preguntas con tu familia, amigos y compañeros de clase.

1. Lee Éxodo 12:35-36, 35:5 y 21-24. ¿De dónde salieron los materiales para construir el Tabernáculo?

2. Lee Éxodo 40:36-38. ¿Cómo sabían los Israelitas cuándo moverse y cuándo acampar? ¿Cómo nos habla el Padre hoy en día?

3. Lee Éxodo 39. Nombra las prendas de los sumos sacerdotes. ¿Quién es nuestro sumo sacerdote hoy?

4. Lee Éxodo 38:1-40:38. Compara a Moisés con Yeshua. ¿Cuántas similitudes puedes percibir?

5. Lee Éxodo 38-40 y 1 Corintios 16-17. Los Israelitas construyeron el Tabernáculo para que Yah pudiera habitar entre ellos. ¿Dónde está el templo de Yah hoy día?

GUÍA DE RESPUESTAS

Shemot, Lectura de la Torá
1. Temía que se multiplicaran y se unieran a los enemigos egipcios
2. Matar a los bebés varones hebreos y dejar vivir a las bebés hembras hebreas
3. Levi
4. Tierra de Madián
5. Séfora hja de Jetro
6. Salió de un arbusto en llamas
7. Ir a Egipto, liberar a los Israelitas de la esclavitud y sacarlos de Egipto
8. Su mano se tornó leprosa como la nieve
9. Su hermano Aarón
10. Hizo que los Israelitas recolectaran su propia paja para fabricar ladrillos, en vez de que sus capataces les dieran la paja.

Shemot, Lectura de los Profetas
1. Mundo
2. Altar
3. Imágenes del sol
4. Desde el río Eufrates, hasta el torrente de Egipto
5. Uno a uno
6. Sonará un gran shofar
7. En el monte santo en Jerusalén
8. En lengua tartamuda y con acento extranjero
9. Precepto a precepto, línea a línea, un poco por aquí, un poco por allá
10. Abraham

Shemot, Lectura de los Apóstoles
1. El Dios de Abraham, Isaac y Jacob
2. Tres meses
3. Hijo de la hija del Faraón
4. Egipto
5. Agradable
6. Moisés fue educado en toda la sabiduría de los egipcios
7. Cuarenta años de edad
8. En el Monte Sinaí
9. "Soy el Dios de tus padres, el Dios de Abraham, Isaac y Jacob".
10. La tierra de Egipto

Los Israelitas son esclavos
1. Que se multiplicarían y se unieran a los enemigos egipcios
2. Los hizo trabajar como esclavos
3. Matar a todos los bebés varones Hebreos

Va'eira, Lectura de la Torá
1. Abraham, Isaac y Jacob
2. Liberarlos de la esclavitud en Egipto y llevarlos a la tierra que Él le prometió a Abraham, Isaac y Jacob.
3. Rubén
4. La vara se convirtió en una serpiente
5. El agua se tornó sangre
6. Plaga de piojos
7. Moscas
8. El ganado de los egipcios
9. Granizo
10. Tierra de Gosén

Va'eira, Lectura de los Profetas
1. Desde todos los pueblos/naciones donde están esparcidos
2. Todos sus vecinos
3. Faraón y todo Egipto
4. Un gran dragón
5. El río Nilo
6. Cuarenta años
7. Entre las naciones
8. Yah reunirá a Egipto de entre los pueblos entre los cuales fueron esparcidos; y volverá a traer los cautivos de Egipto y los llevará a la tierra de Patros, a la tierra de su origen; y allí serán un reino despreciable; será humilde, nunca más se alzará sobre las naciones
9. En el año vigesimoséptimo, en el primer mes, en el primer día del mes
10. Rey Nabucodonosor de Babilonia

Va'eira, Lectura de los Apóstoles
1. "Tendré misericordia de quién yo tenga misericordia, y tendré compasión de quien yo tenga compasión".
2. Para mostrarle Su poder y que Su nombre pueda ser proclamado en toda la tierra
3. Los Israelitas se incrementaron y multiplicaron en Egipto
4. Moisés
5. La hija del Faraón
6. Tierra de Madián
7. Después de cuarenta años
8. Porque Moisés estaba parado sobre tierra sagrada
9. La tierra de Egipto
10. Yeshua Ha'Mashiach

Plaga de ranas
1. Las ranas llegaron a cubrir todo el país
2. Magos Egipcios
3. Endureció su corazón y no liberaría a los Israelitas

Bo, Lectura de la Torá
1. Un viento del este
2. Todas las cosas verdes en la tierra de Egipto
3. Plaga de oscuridad
4. Para que las maravillas de Yah se multiplicaran en la tierra de Egipto
5. Abib
6. Para siempre
7. Pan sin leudar (Pan sin Levadura)
8. Plaga de tinieblas
9. Joyas de oro y plata y ropa
10. Como seiscientos mil hombres de a pie, sin contar los niños. También subió con ellos grande multitud de toda clase de gente y ovejas y muchísimo ganado

Bo, Lectura de los Profetas
1. Un profeta
2. Nabucodonosor
3. El Faraón
4. Los Egipcios
5. Menfis
6. Becerros engordados
7. Una hermosa becerra
8. Los Babilonios
9. Los hijos de Israel (los Israelitas)
10. Jacob

Bo, Lectura de los Apóstoles
1. Pilato, el gobernador Romano
2. En Gólgota
3. Su madre maría, María (esposa de Cleofas) y María Magdalena
4. Yeshua de Nazaret, Rey de los Judíos
5. Las dividieron en cuatro partes, una para cada soldado
6. Día de preparación para la Pascua
7. Rama de hisopo
8. Una lanza
9. Yah
10. Templo

Beshalach, Lectura de la Torá
1. Mar Rojo
2. Los huesos de José
3. Una columna de fuego en la noche y una columna de nube en el día
4. El ejército Egipcio
5. Con un fuerte viento
6. Quitó las ruedas de sus carros y los transtornó gravemente
7. El desierto de Shur
8. Les dio codornices y maná
9. Le dijo a Moisés que golpeara la roca con su vara
10. Josué

Beshalach, Lectura de los Profetas
1. Lapidot
2. Profetisa y juez
3. Bajo un árbol de palma entre Ramá y Bet-el
4. Barac
5. Jabín
6. "Si tú vas conmigo, yo iré".
7. Diez mil hombres (de las tribus de Neftalí y Zabulón)
8. Taanac
9. Héber
10. Cuarenta años

Beshalach, Lectura de los Apóstoles
1. "Tendré misericordia de quién yo tenga misericordia, y tendré compasión de quien yo tenga compasión".
2. Para mostrarle Su poder y que Su nombre sea proclamado en toda la tierra
3. Yeshua
4. Quedaron postrados en el desierto
5. Idólatras
6. 23,000
7. Yah
8. Fiel
9. Siete ángeles y siete plagas
10. Mar de vidrio mezclado con fuego

Yitro, Lectura de la Torá
1. Jetro era el suegro de Moisés
2. Gersón y Eliezer
3. Eligió Moisés varones de virtud de entre todo Israel, y los puso por jefes sobre el pueblo, sobre mil, sobre ciento, sobre cincuenta y sobre diez
4. En el tercer mes
5. Ya bajó sobre el Monte Sinaí
6. Le respondió a Moisés con voz de trueno
7. Monte Sinaí
8. El Shabat
9. Tus días serán largos en la tierra
10. Altar de tierra harás para mí, y sacrificarás sobre él tus holocaustos y tus ofrendas de paz

Yitro, Lectura de los Profetas
1. Rey Uzías
2. El borde de la vestidura de Yah
3. Seis alas
4. Un carbón encendido
5. Rezin, el rey de Siria, y Peka, el hijo de Remalías, el rey de Israel
6. Siria
7. Porque se le había dicho a la casa de David que Siria se había aliado con Efraín
8. Isaías y su hijo, Sear-jasub
9. Siria, con Efraín y el hijo de Remalías
10. Príncipe

Yitro, Lectura de los Apóstoles
1. ¿Qué bien debo hacer para tener la vida eterna?
2. Si quieres la vida, guarda los mandamientos
3. Vende lo que tienes, da a los pobres, y sígueme
4. No quería vender lo que tenía
5. Todo aquel que haya seguido a Yeshua
6. En caso de que se llenen de orgullo (presuntuoso)
7. Dignas, no calumniadoras, sobrias y fieles en todo
8. Amando a nuestro prójimo como nosotros mismos
9. Como los que han de ser juzgados por la Torá (ley de la libertad)
10. Compasión /Misericordia

Mishpatim, Lectura de la Torá
1. Seis años
2. La muerte
3. Cinco bueyes por un buey y cuatro ovejas por una oveja
4. Dejarla descansar y no plantar cultivos
5. Descansar
6. Pan sin levadura
7. Pan sin Levadura, Cosecha (Pentecostés) y Recolección (Sukkot)
8. Los dioses falsos de los Amorreos, Heteos, Ferezeos, Cananeos, Heveos y los Jebuseos
9. Las doce tribus de Israel
10. Cuarenta días y cuarenta noches

Mishpatim, Lectura de los Profetas
1. Rey Sedequías
2. Quienes hicieron el pacto
3. Siete
4. Sus enemigos los derrotarían y los harían esclavos
5. Israelitas
6. Egipto
7. Recuperando a sus esclavos y esclavas
8. El ejército del rey de Babilonia
9. Rey Sedequías y sus oficiales
10. Judá

Mishpatim, Lectura de los Apóstoles
1. Ofendemos
2. Lengua
3. Ningún ser humano
4. Veneno mortal
5. Maldición y bendición
6. Reino
7. Reverencia
8. Un fuego consumidor
9. Dos
10. El que pida prestado de nosotros

¡Tierra Prometida!
1. Un ángel (Yeshua)
2. Los Heveo, los cananeos y al Heteos
3. Desde el mar Rojo al mar de los Filisteos, y desde el desierto al Éufrates

Terumah, Lectura de la Torá
1. Un santuario para que Él habite entre ellos
2. Madera de acacia
3. El testimonio (tablas de piedra con la inscripción de los mandamientos)
4. Oro
5. Un querubín dorado
6. Pan
7. Seis – tres a cada lado del candelabro
8. Querubines
9. Cuernos
10. El propiciatorio y el Arca de la Alianza

Terumah, Lectura de los Profetas
1. Cuarto año
2. Mes de Ziv
3. 480 años
4. Rey David
5. Sesenta codos de largo, veinte codos de ancho y treinta codos de alto.
6. Marcos empotrados
7. Para que no se escuchara ningún martillo o hacha o cualquier herramienta de hierro en la casa mientras era construida
8. Lado sur
9. Vigas de madera de cedro
10. Yah cumplirá Su Palabra que habló a David, vivirá ente los hijos de Israel y no los abandonará

Terumah, Lectura de los Apóstoles
1. A través de la sangre de Yeshua Ha'Mashiach
2. Yeshua Ha'Mashiach
3. Fe
4. Afuera del campamento
5. Afuera de la puerta de la ciudad
6. Para santificar al pueblo a través de Su sangre
7. Luz
8. Monte
9. Sobre el candelero para que ilumine a todos los que están en casa
10. Para que las personas puedan ver nuestras buenas obras y alaben a nuestro Padre

Arca de la Alianza
1. Madera de acacia
2. Dos querubines
3. En la parte de arriba del Arca de la Alianza

Tetzaveh, Lectura de la Torá
1. Aceite de oliva
2. Aarón, Nadab y Abiú
3. El pectoral, el efod, el manto, la túnica bordada, la mitra y el cinturón
4. Las doce tribus de Israel
5. Doce piedras
6. Azul
7. Un becerro y dos carneros
8. Madera de acacia
9. Incienso
10. Una vez al año

Tetzaveh, Lectura de los Profetas
1. El diseño del Templo
2. Monte
3. Un codo de alto
4. Cuadrado
5. Este
6. Sadoc
7. Ofrendas quemadas
8. Sobre los cuatro cuernos
9. Cabra, carnero y becerro
10. Siete

Tetzaveh, Lectura de los Apóstoles
1. Como un sacrificio viviente
2. Con paciencia
3. Aarón
4. Su Padre (Yah)
5. Melquisedec
6. Por Su reverencia
7. A través de Su sufrimiento
8. Yeshua
9. Ayuda mutua
10. Ellos velan por nuestras almas, como quienes han de dar cuenta

Ki Tisa, Lectura de la Torá
1. Medio siclo
2. Bronce
3. Bezaleel y Aholiab
4. El Shabat
5. Un becerro
6. Estaba furioso porque los Israelitas habían fabricado un becerro de oro
7. Lo derritió en el fuego y lo convirtió en polvo
8. Los obligó a beber polvo de oro
9. Fiesta del Pan sin Levadura (incluyendo la comida de Pascua), Shavuot (Pentecostés), y Sukkot (Tabernáculos)
10. Monte Sinaí

Ki Tisa, Lectura de los Profetas
1. Ve y preséntate ante Acab, pues voy a mandar lluvia sobre la tierra.
2. En Samaria
3. Jezabel
4. Cien
5. Pan y agua
6. 850 profetas
7. Monte Carmelo
8. Una piedra por cada tribu de Israel
9. Cuatro
10. Se postraron sobre sus rostros

Ki Tisa, Lectura de los Apóstoles
1. Yeshua
2. Yeshua
3. Siervo
4. Yah
5. Los antiguos Israelitas
6. "Haznos dioses que vayan delante de nosotros; porque a este Moisés, que nos sacó de la tierra de Egipto, no sabemos qué le haya acontecido".
7. Un becerro de oro
8. Espíritu
9. Bautizados
10. Apóstoles, profetas, maestros, milagros, luego los dones de sanar, ayudar, administrar y varios tipos de lenguas (idiomas)

Vayajel, Lectura de la Torá
1. Descansar y apartar ese día para Él
2. Para hacer el efod y el pectoral para el Sumo Sacerdote
3. Hábiles artesanos
4. Dan
5. Diez cortinas
6. Madera de acacia
7. Oro
8. Seis ramas
9. Un cuerno en cada esquina
10. Bronce

Vayajel, Lectura de los Profetas
1. Era un hábil artesano del bronce
2. Neftalí
3. Dieciocho codos de alto
4. Granadas
5. En el pórtico del templo
6. Jaquim y Boaz
7. Tres al norte, tres al occidente, tres al sur y tres al oriente
8. En la llanura del Jordán, en tierra arcillosa, entre Sucot y Saretán
9. Porque había muchos
10. Dies candelabros (cinco a la mano derecha y otras cinco a la izquierda)

Vayajel, Lectura de los Apóstoles
1. Candelabro (menorá) y Mesa de los Panes de la Proposición
2. Altar de incienso y Arca de la Alianza
3. El maná, la vara de Aarón y las tablas del pacto
4. Yeshua Ha'Mashiach
5. Sangre
6. Juicio
7. Para salvar a los que le esperan
8. Un dador alegre
9. Generosamente
10. Morirán sin perdón por testimonio de dos o tres testigos

Pekudei, Lectura de la Torá
1. Bezaleel
2. Veintinueve talentos y 730 siclos
3. Setenta talentos y 2,400 siclos
4. Hilos dorados, azules, escarlata y púrpura
5. Los nombres de las doce tribus de Israel
6. Sardio, topacio, carbunclo, esmeralda, zafiro, diamante, jacinto, ágata, amatista, berilio, ónix y jaspe.
7. Azul
8. El primer día del primer mes
9. En la entrada del Tabernáculo
10. La nube de Yah estaba en el Tabernáculo de día y en la noche había fuego en él

Pekudei, Lectura de los Profetas
1. David
2. A los ancianos de Israel, a todos los jefes de las tribus y a los principales de las familias de los hijos de Israel
3. Etanim
4. Ciudad de David (Zion)
5. Tanto que no se podrían contar
6. Dentro del Lugar Santísimo (Sanctasanctórum)
7. Dos tablas de piedra
8. Horeb
9. Debido a la nube (gloria de Elohim) que llenó la Casa
10. Salomón

Pekudei, Lectura de los Apóstoles
1. Ofrendas y sacrificios
2. El Padre
3. Melquisedec
4. Melquisedec, rey de Salem
5. Una décima
6. Levi
7. Murieron
8. Yeshua
9. Yeshua
10. Espíritu

◇ DESCUBRE MÁS LIBROS DE ACTIVIDADES ◇

Disponibles para comprar en shop.biblepathwayadventures.com

¡DESCARGA INSTANTÁNEA!

Libro de Actividades de la Porción Semanal de la Torá
Libro de Actividades Limpios e Inmundos
Libro de Actividades Festivos de Primavera
Bereshit | Génesis - Libro de Actividades con Porciones de la Torá
Shemot | Éxodo - Libro de Actividades con Porciones de la Torá
Vayikra | Levítico - Libro de Actividades con Porciones de la Torá
B'midbar | Números - Libro de Actividades con Porciones de la Torá
D'varim | Deuteronomio - Libro de Actividades con Porciones de la Torá

www.ingramcontent.com/pod-product-compliance
Lightning Source LLC
Chambersburg PA
CBHW081156070526
44583CB00021B/2871